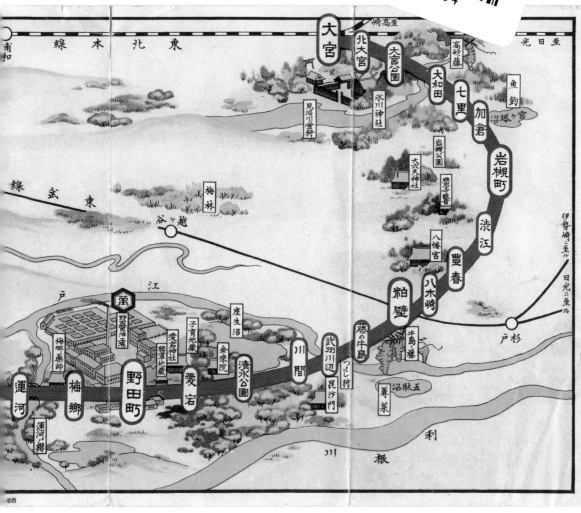

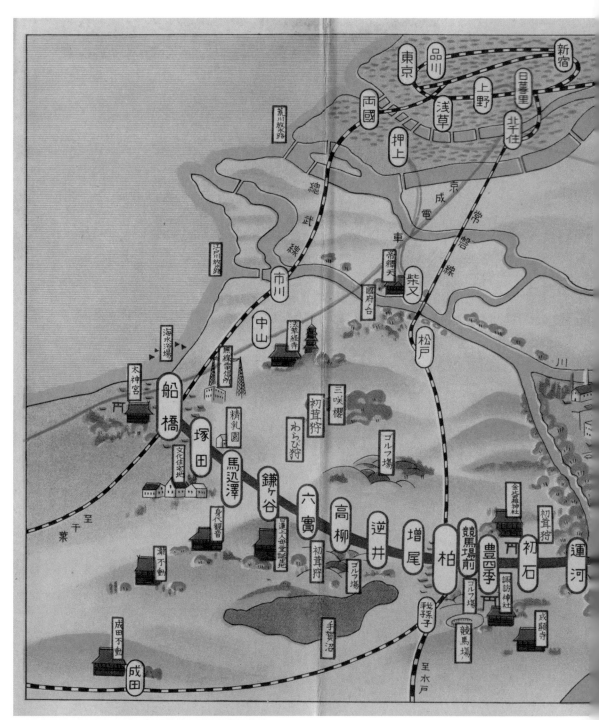

【総武電車（のちの東武野田線）沿線案内（昭和戦前期）】
この総武電車沿線案内では、東京の駅の存在がより詳しく記されており、常磐線の松戸駅や柴又の帝釈天といった観光地も丁寧に描かれている。主役となる総武鉄道では川間〜藤の牛島間に南桜井駅の存在がある。この駅は1930（昭和5）年に永沼臨時停留場として誕生。翌年（1931）年に永沼停留場となり、1932（昭和7）年に柏寄りに移転し、南桜井駅と改称している。駅の所在地は埼玉県春日部市米島である。1933（昭和8）年開業の柏競馬場前駅も見える。

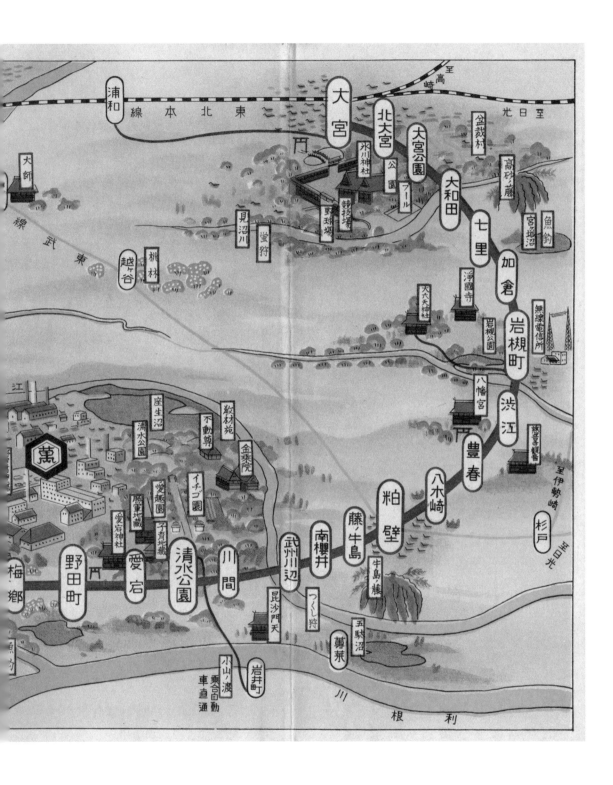

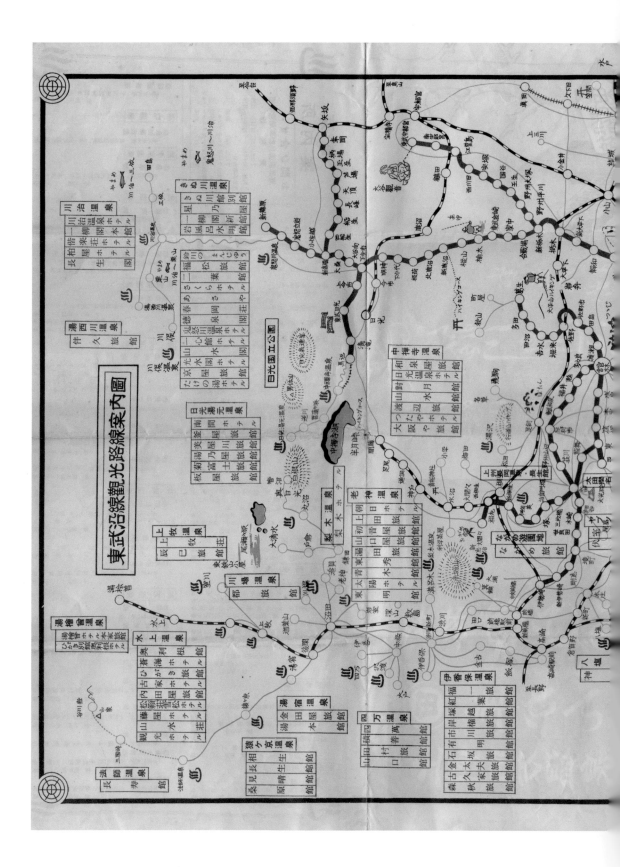

東武沿線観光路線案内圖

8

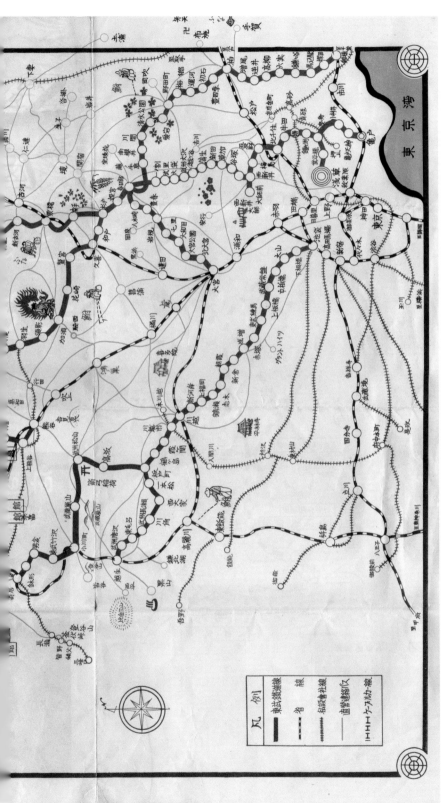

【東武沿線観光路線案内図 昭和戦後期】
上部には、群馬、栃木県内に点在する温泉のマークとともに、各温泉で営業する旅館、ホテルの名称も示した大きな地図である。一方、下部には東京都、埼玉県、千葉県内を走る東武東上線、伊勢崎線、野田線の路線と駅名が示されている。興味深いのは、観光地の表記方法であり、平林寺、喜多院、吉見百穴、大谷観音、尾瀬ヶ原といった名所や男体山、白根山、赤城山といった名山とともに、「鮒」あるいは「ふな」の文字と釣り人の姿で、釣り場が示されていることである。

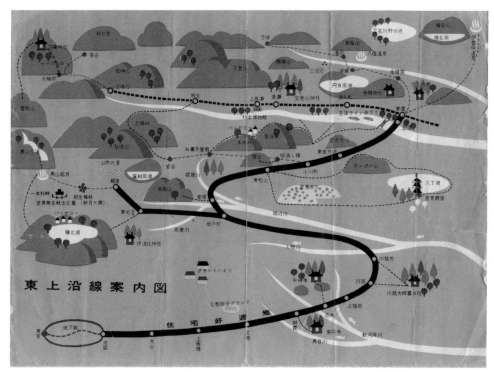

東上沿線案内図【昭和戦後期】
埼玉県内の観光地の山々を描いた東武東上線の沿線案内図であるが、東京都内をはじめとする近郊区間には「住宅好適地」と書かれており、東武が沿線における宅地開発を進めていたこともわかる。武州松山駅はすでに東松山駅と改称しており、1954（昭和29）年以降のものである。終着駅の寄居駅では、秩父鉄道との連絡は示されているものの、国鉄八高線との連絡は省略されている。池袋駅と東京駅との地下鉄（丸ノ内線）連絡は、点線で示されている。

【東上沿線観光案内　昭和戦後期】
池袋駅から寄居駅、越生駅に至る東武東上線・越生線の沿線観光案内図である。特筆すべきは、上板橋駅からグランドハイツ駅まで延びる啓志線の存在である。戦前に陸軍の専用線として敷設された路線は1946（昭和21）年、アメリカ軍のグランドハイツに向かうための路線として全通。翌年（1947年）に旅客営業も開始した。しかし、1948（昭和23）年に旅客営業は終わり、1959（昭和34）年に廃止された。

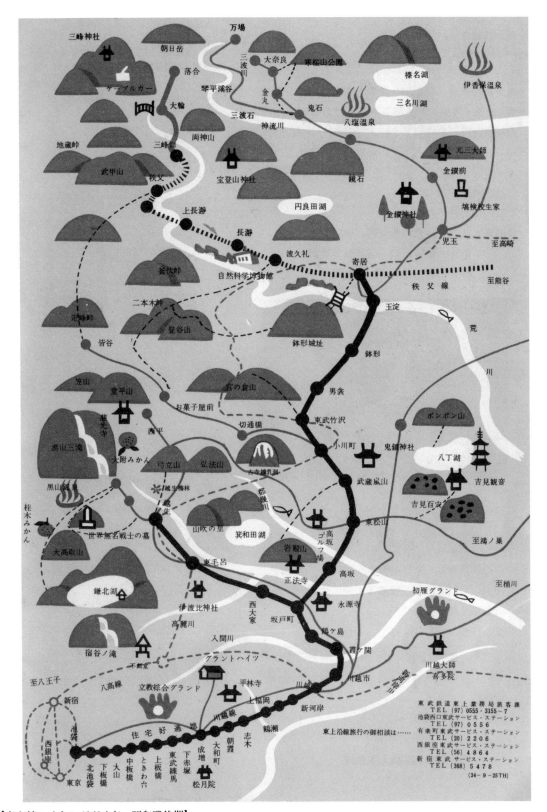

【東上線ハイキングガイド　昭和戦後期】
多くの山々が赤く示されたハイキングガイドで、武甲山やポンポン山、朝日岳などが見える。また、三峰神社、鉢形城址、吉見百穴、吉見観音などの名所も記されている。ここでも都内近郊区間には「住宅好適地」と書かれているが、この区間の駅数も増やされており、国鉄川越線も描かれている。現・和光市駅は改称する前の大和町駅であり、坂戸駅も坂戸町駅と名乗っていた。現在の駅では森林公園駅、北坂戸駅、朝霞台駅、若葉駅などは開業していない。

東武鉄道の時刻表（昭和45年5月1日）（所蔵・文：生田 誠）

45. 5. 1.

〈下り〉浅草→館林→太田→赤城・伊勢崎方面

線名	浅草から(円)	種別	普	普	準	準	準	準	準	急	準	準	準	準	準	急	準	準	準	急	準	準	急	準	準	準	準	準	準	準	急	準
		行先	伊勢崎	伊勢崎	伊勢崎	伊勢崎	伊勢崎	伊勢崎	館林	赤城	伊勢崎	太田	伊勢崎	羽生	太田	赤城	伊勢崎	羽生	太田	赤城	伊勢崎	羽生	赤城	太田	伊勢崎	羽生	太田	伊勢崎	羽生	太田	赤城	伊勢
		列車番号／駅名	523	525	527	529	531	533	535	1401	537	539	341	441	541	1403	343	443	543	1405	345	445	1407	545	347	447	547	349	449	549	1411	35
伊勢崎線	—	浅草発	—	—	5.23	5.53	6.23	7.03	7.23	7.50	8.03	8.23	9.03	9.25	9.37	9.40	10.03	10.25	10.38	10.40	11.03	11.24	11.40	11.38	12.03	12.21	12.38	13.03	13.21	13.38	13.40	14.
	20	曳舟〃	—	—	5.28	5.58	6.28	7.08	7.28	↓	8.08	8.28	9.08	9.30	9.44	↓	10.08	10.29	10.44	↓	11.08	11.29	↓	11.44	12.08	12.27	12.43	13.08	13.27	13.44	↓	14.
	30	北千住〃	—	—	5.38	6.08	6.38	7.18	7.38	りょうもう1号	8.18	8.38	9.18	9.39	9.54	りょうもう3号	10.18	10.39	10.54	りょうもう5号	11.18	11.39	りょうもう7号	11.54	12.18	12.40	12.54	13.18	13.40	13.54	りょうもう11号	14.
	50	西新井〃	—	—	5.43	6.13	6.47	7.27	7.46	↓	8.27	8.45	9.25	9.45	10.00	↓	10.24	10.45	10.59	↓	11.24	11.44	↓	11.59	12.24	12.45	12.59	13.24	13.45	13.59	↓	14.
	70	草加〃	—	—	5.50	6.20	6.54	7.34	7.54	↓	8.34	8.54	9.31	9.51	10.06	↓	10.30	10.51	11.06	↓	11.30	11.50	↓	12.06	12.30	12.51	13.06	13.30	13.51	14.06	↓	14.
	100	越谷〃	—	—	5.57	6.27	7.01	7.42	8.02	↓	8.42	9.02	9.38	9.59	10.12	↓	10.37	10.58	11.13	↓	11.37	11.59	↓	12.12	12.37	12.58	13.12	13.37	13.58	14.12	↓	14.
	110	せんげん台〃	—	—	6.02	6.32	7.07	7.48	8.08	↓	8.48	9.08	9.44	10.08	10.18	↓	10.43	11.03	11.18	↓	11.43	12.04	↓	12.18	12.43	13.03	13.18	13.43	14.03	14.18	↓	14.
	140	春日部〃	(北春日部)	(北春日部)	6.08	6.38	7.12	7.54	8.14	↓	8.54	9.16	9.50	10.14	10.24	↓	10.50	11.13	11.24	↓	11.50	12.13	↓	12.24	12.50	13.13	13.23	13.50	14.13	14.24	↓	14.
	150	杉戸〃	5.21	5.50	6.13	6.43	7.20	8.00	8.20	↓	9.00	9.22	9.56	10.20	10.30	↓	10.56	11.20	11.30	↓	11.56	12.20	↓	12.30	12.56	13.20	13.29	13.56	14.20	14.30	↓	14.
	180	久喜〃	5.31	5.58	6.21	6.51	7.27	8.08	8.27	↓	9.07	9.29	10.03	10.26	10.37	↓	11.03	11.26	11.38	↓	12.02	12.26	↓	12.38	13.02	13.26	13.37	14.04	14.26	14.40	↓	15.
	210	加須〃	5.43	6.10	6.33	7.03	7.39	8.20	8.39	↓	9.19	9.41	10.12	10.36	10.49	↓	11.12	11.36	11.50	↓	12.12	12.36	↓	12.50	13.12	13.36	13.50	14.15	14.36	14.52	↓	15.
	240	羽生〃	5.52	6.19	6.42	7.13	7.48	8.29	8.48	↓	9.28	9.53	10.20	10.43	10.58	↓	11.21	11.43	12.00	↓	12.20	12.43	↓	13.02	13.21	13.43	13.59	14.22	14.44	15.01	↓	15.
	250	茂林寺前〃	5.59	6.27	6.50	7.21	7.56	8.36	9.01	↓	9.36	10.00	↓	—	10.06	↓	↓	—	12.08	↓	↓	—	↓	13.09	↓	—	14.07	↓	—	15.09	↓	↓
	260	館林着	6.02	6.30	6.53	7.24	7.59	8.39	9.04	9.00	9.39	10.04	10.29	—	11.09	10.47	11.30	—	12.11	11.47	12.30	—	12.47	13.13	13.30	—	14.10	14.32	—	15.12	14.47	15.
佐野線	—	館林発	5.30	6.06	6.38	7.01	7.39	8.07	9.06	—	9.44	—	10.51	—	—	—	11.34	—	—	—	—	—	12.51	—	13.38	—	—	—	—	—	14.50	15.
	290	佐野市〃	5.43	6.20	6.50	7.13	7.52	8.26	9.20	—	9.56	—	11.03	—	—	—	11.51	—	—	—	—	—	13.03	—	13.51	—	—	—	—	—	15.03	15.
	290	佐野〃	5.49	6.24	6.54	7.17	8.00	8.30	9.24	—	10.00	—	11.07	—	—	—	11.54	—	—	—	—	—	13.07	—	13.55	—	—	—	—	—	15.06	15.
	310	田沼〃	6.06	6.35	7.05	7.27	8.12	8.42	9.34	—	10.12	—	11.17	—	—	—	12.06	—	—	—	—	—	13.17	—	14.05	—	—	—	—	—	15.17	16.
	320	葛生着	6.14	6.42	7.12	7.35	8.19	8.49	9.42	—	10.19	—	11.25	—	—	—	12.16	—	—	—	—	—	13.25	—	14.12	—	—	—	—	—	15.24	16.
小泉線	—	館林発	5.06	5.42	6.13	6.34	7.12	7.38	8.12	8.42	9.17	—	10.13	—	11.15	—	—	—	12.15	—	—	—	—	13.19	—	—	14.15	—	—	15.16	—	—
	280	本中野〃	5.14	5.50	6.23	6.42	7.22	7.48	8.23	8.50	9.27	—	10.23	—	11.23	—	—	—	12.23	—	—	—	—	13.27	—	—	14.23	—	—	15.24	—	—
	290	小泉町〃	5.21	5.57	6.30	6.49	7.29	7.56	8.31	8.57	9.34	—	10.30	—	11.30	—	—	—	12.30	—	—	—	—	13.34	—	—	14.30	—	—	15.31	—	—
	300	西小泉着	5.23	5.59	6.32	6.51	7.32	7.58	8.33	8.59	9.37	—	10.32	—	11.32	—	—	—	12.32	—	—	—	—	13.36	—	—	14.32	—	—	15.33	—	—
伊勢崎線	—	館林発	6.03	6.33	6.59	7.32	8.05	8.41	—	9.02	9.40	10.04	10.32	—	11.14	10.48	11.33	—	12.14	11.49	12.34	—	12.48	13.14	13.32	—	14.14	14.34	—	15.14	14.48	15.
	290	福居〃	6.14	6.47	7.10	7.43	8.20	8.53	—	↓	9.53	10.14	↓	—	11.24	↓	↓	—	12.24	↓	↓	—	↓	13.24	↓	—	14.24	↓	—	15.25	↓	↓
	290	足利市〃	6.19	6.53	7.19	7.51	8.26	9.00	—	9.19	10.02	10.19	10.49	—	11.29	11.05	11.50	—	12.29	12.05	12.49	—	13.07	13.29	13.50	—	14.29	14.48	—	15.30	15.05	15.
	320	太田着	6.29	7.03	7.29	8.01	8.38	9.13	—	9.28	10.12	10.29	11.00	—	11.39	11.14	11.58	—	12.39	12.14	13.00	—	13.15	13.39	14.00	—	14.39	14.59	—	15.42	15.14	15.
桐生線	—	太田発	5.58	6.33	7.21	7.42	8.28	9.15	—	9.33	10.17	—	11.03	—	—	11.17	12.03	—	—	12.19	13.05	—	13.18	—	14.03	—	15.02	—	—	—	15.18	16.
	350	藪塚〃	6.10	6.47	7.37	7.54	8.43	9.34	—	9.44	10.36	—	11.18	—	—	11.28	12.18	—	—	12.33	13.20	—	13.34	—	14.18	—	15.14	—	—	—	15.30	16.
	360	新桐生〃	6.18	6.55	7.44	8.08	8.51	9.42	—	9.51	10.44	—	11.32	—	—	11.40	12.26	—	—	12.40	13.27	—	13.40	—	14.26	—	15.22	—	—	—	15.39	16.
	370	相老〃	6.23	7.00	7.49	8.16	8.55	9.47	—	↓	10.49	—	11.36	—	—	↓	12.31	—	—	↓	13.32	—	↓	—	14.31	—	15.27	—	—	—	↓	16.
	380	赤城着	6.28	7.05	7.54	8.21	9.01	9.52	—	10.00	10.54	—	11.41	—	—	11.49	12.36	—	—	12.49	13.37	—	13.49	—	14.36	—	15.32	—	—	—	15.49	16.
伊勢崎線	—	太田発	6.30	7.07	7.32	8.04	8.40	9.21	—	—	10.13	—	11.01	—	—	—	11.59	—	—	—	13.01	—	—	—	14.05	—	—	15.00	—	—	—	15.
	340	木崎〃	6.39	7.15	7.41	8.14	8.50	9.31	—	—	10.21	—	11.08	—	—	—	12.07	—	—	—	13.08	—	—	—	14.12	—	—	15.08	—	—	—	16.
	350	境町〃	6.48	7.23	7.49	8.20	9.03	9.41	—	—	10.27	—	11.19	—	—	—	12.15	—	—	—	13.15	—	—	—	14.25	—	—	15.17	—	—	—	16.
	370	新伊勢崎〃	7.01	7.34	7.59	8.29	9.15	9.49	—	—	10.36	—	11.28	—	—	—	12.23	—	—	—	13.23	—	—	—	14.33	—	—	15.25	—	—	—	16.
	380	伊勢崎着	7.03	7.36	8.01	8.31	9.17	9.51	—	—	10.38	—	11.30	—	—	—	12.26	—	—	—	13.26	—	—	—	14.35	—	—	15.27	—	—	—	16.

〈上り〉伊勢崎・赤城・太田・館林→浅草

線名	種別	準	準	準	準	準	準	(動)快	準	準	(動)快	準	急	準	急	急	準	準	準	準	準	準	準	急	準	準	準	準	準	準	急	準
	始発	館林	太田	太田	太田	館林	伊勢崎	伊勢崎 葛生	館林	伊勢崎	伊勢崎	伊勢崎	赤城	伊勢崎	葛生	赤城	伊勢崎	伊勢崎	太田	伊勢崎	羽生	伊勢崎	伊勢崎	赤城	羽生	太田	伊勢崎	羽生	太田	伊勢崎	赤城	羽生
	列車番号／駅名	524	526	528	530	532	534	320	536	538	322	540	1402	542	1604	1406	544	346	546	348	448	548	350	1410	450	550	352	452	552	354	1414	454
伊勢崎線	伊勢崎発	—	—	—	—	—	5.28	5.55	—	6.08	6.37	6.50	—	7.13	—	—	7.56	8.16	—	9.12	—	9.30	10.05	—	—	—	11.08	—	—	12.11	—	—
	新伊勢崎〃	—	—	—	—	—	5.30	5.57	—	6.10	6.39	6.52	—	7.15	—	—	7.58	8.19	—	9.14	—	9.32	10.11	—	—	—	11.10	—	—	12.13	—	—
	境町〃	—	—	—	—	—	5.38	6.05	—	6.22	6.47	7.00	—	7.24	—	—	8.07	8.30	—	9.22	—	9.40	10.20	—	—	—	11.19	—	—	12.24	—	—
	木崎〃	—	—	—	—	—	5.46	6.12	—	6.29	6.55	7.07	—	7.32	—	—	8.13	8.39	—	9.30	—	9.49	10.28	—	—	—	11.28	—	—	12.30	—	—
	太田着	—	—	—	—	—	5.54	6.20	—	6.38	7.03	7.19	—	7.40	—	—	8.22	8.48	—	9.38	—	9.57	10.36	—	—	—	11.36	—	—	12.38	—	—
桐生線	赤城発	—	—	—	—	—	5.19	5.37	—	—	6.30	6.37	7.10	7.33	—	7.55	—	8.09	—	9.02	—	9.17	10.01	10.20	—	—	11.01	—	—	12.00	12.15	—
	相老〃	—	—	—	—	—	5.24	5.43	—	—	6.35	6.42	↓	7.39	—	↓	—	8.14	—	9.07	—	9.22	10.06	↓	—	—	11.06	—	—	12.05	↓	—
	新桐生〃	—	—	—	—	—	5.29	5.48	—	—	6.40	6.55	7.19	7.46	—	8.04	—	8.19	—	9.12	—	9.27	10.12	10.29	—	—	11.11	—	—	12.10	12.26	—
	藪塚〃	—	—	—	—	—	5.36	5.58	—	—	6.47	7.02	7.26	7.55	—	8.11	—	8.26	—	9.19	—	9.34	10.19	10.35	—	—	11.17	—	—	12.19	12.33	—
	太田着	—	—	—	—	—	5.50	6.14	—	—	6.59	7.14	7.36	8.09	—	8.21	—	8.38	—	9.31	—	9.48	10.32	10.46	—	—	11.31	—	—	12.34	12.43	—
伊勢崎線	太田発	—	5.00	5.20	5.32	—	5.59	6.22	—	6.42	7.08	7.21	7.37	7.42	—	8.24	8.29	8.49	9.06	9.40	—	9.58	10.39	10.47	—	10.52	11.41	—	11.51	12.40	12.47	—
	足利市〃	—	5.10	5.30	5.44	—	6.10	6.32	—	6.52	7.18	7.32	7.47	7.57	—	8.37	8.40	8.58	9.17	9.49	—	10.08	10.49	10.57	—	11.07	11.50	—	12.05	12.49	12.57	—
	福居〃	—	5.17	5.36	5.49	—	6.15	↓	—	6.57	↓	7.37	↓	8.03	—	↓	8.45	↓	9.22	↓	—	10.14	↓	↓	—	11.11	↓	—	12.09	↓	↓	—
	館林着	—	5.28	5.47	6.00	—	6.26	6.44	—	7.09	7.31	7.48	8.02	8.15	—	8.51	8.58	9.13	9.33	10.02	—	10.25	11.04	11.11	—	11.24	12.05	—	12.24	13.04	13.11	—
小泉線	西小泉発	—	5.03	5.29	—	—	6.03	—	—	—	7.00	—	7.38	—	8.02	—	—	8.49	—	9.41	—	—	10.42	—	—	—	11.45	—	—	12.37	—	—
	小泉町〃	—	5.05	5.31	—	—	6.05	—	—	—	7.02	—	7.40	—	8.04	—	—	8.51	—	9.43	—	—	10.44	—	—	—	11.47	—	—	12.39	—	—
	本中野〃	—	5.14	5.38	—	—	6.12	—	—	—	7.11	—	7.48	—	8.11	—	—	9.01	—	9.50	—	—	10.51	—	—	—	11.55	—	—	12.46	—	—
	館林着	—	5.22	5.48	—	—	6.20	—	—	—	7.19	—	7.56	—	8.19	—	—	9.10	—	10.01	—	—	10.59	—	—	—	12.03	—	—	12.56	—	—
佐野線	葛生発	—	—	5.00	5.14	—	5.45	6.05	6.20	—	6.49	—	7.20	7.40	7.52	—	8.04	8.35	—	9.26	—	—	10.24	—	—	—	11.30	—	—	12.24	—	—
	田沼〃	—	—	5.07	5.23	—	5.54	6.12	6.27	—	6.56	—	7.30	7.48	8.04	—	8.12	8.47	—	9.34	—	—	10.32	—	—	—	11.37	—	—	12.31	—	—
	佐野〃	—	—	5.19	5.39	—	6.06	6.25	6.39	—	7.09	—	7.41	8.00	8.13	—	8.23	8.57	—	9.46	—	—	10.42	—	—	—	11.47	—	—	12.42	—	—
	佐野市〃	—	5.03	5.25	5.45	—	6.10	6.29	6.43	—	7.13	—	7.45	8.03	8.17	—	8.27	9.01	—	9.50	—	—	10.46	—	—	—	11.51	—	—	12.46	—	—
	館林着	—	5.15	5.37	6.00	—	6.25	6.46	6.56	—	7.26	—	7.58	8.16	8.28	—	8.39	9.14	—	10.02	—	—	10.58	—	—	—	12.03	—	—	12.59	—	—
伊勢崎線	館林発	5.00	5.30	5.52	6.08	6.19	6.32	6.51	6.58	7.12	7.32	7.49	8.06	8.17	8.30	8.54	8.59	9.17	9.34	10.06	—	10.27	11.06	11.12	—	11.27	12.06	—	12.27	13.06	13.12	—
	茂林寺前〃	5.03	5.33	5.55	6.11	6.22	6.35	↓	7.01	7.15	↓	7.52	↓	8.20	↓	↓	9.03	↓	9.37	↓	—	10.30	↓	↓	—	11.30	↓	—	12.30	↓	↓	—
	羽生〃	5.11	5.41	6.03	6.19	6.30	6.45	6.59	7.09	7.24	7.41	8.00	8.16	8.28	りょうもう4号	りょうもう6号	9.11	9.26	9.45	10.14	10.33	10.43	11.14	りょうもう10号	11.33	11.43	12.14	12.27	12.41	13.14	りょうもう14号	13.32
	加須〃	5.20	5.51	6.12	6.29	6.42	6.54	7.07	7.18	7.34	7.48	8.09	8.24	8.37	↓	↓	9.20	9.33	9.54	10.22	10.40	10.52	11.22	↓	11.40	11.52	12.22	12.35	12.52	13.22	↓	13.39
	久喜〃	5.32	6.02	6.25	6.41	7.00	7.07	7.19	7.30	7.48	7.58	8.21	↓	8.49	↓	↓	9.32	9.50	10.06	10.32	10.51	11.06	11.32	↓	11.51	12.06	12.37	12.51	13.04	13.32	↓	13.49
	杉戸〃	5.39	6.10	6.33	6.50	7.08	7.17	7.27	7.41	7.56	8.05	8.28	りょうもう2号	8.57	↓	↓	9.40	9.57	10.15	10.40	10.59	11.14	11.40	↓	11.58	12.14	12.40	12.58	13.14	13.40	↓	13.56
	春日部〃	5.46	6.16	6.39	6.56	7.14	7.23	7.33	7.48	8.02	8.11	8.34	↓	9.03	↓	↓	9.46	10.04	10.21	10.46	11.05	11.20	11.45	↓	12.04	12.20	12.46	13.04	13.20	13.45	↓	14.03
	せんげん台〃	5.51	6.21	6.45	7.01	7.21	7.29	↓	7.54	8.09	↓	8.40	↓	9.11	↓	↓	9.52	10.12	10.29	10.52	11.12	11.29	11.53	↓	12.11	12.28	12.52	13.12	13.28	13.53	↓	14.13
	越谷〃	5.57	6.27	6.51	7.08	7.27	7.36	↓	8.00	8.15	↓	8.46	↓	9.17	↓	↓	9.57	10.19	10.34	10.58	11.19	11.34	11.58	↓	12.17	12.34	12.58	13.17	13.34	13.59	↓	14.19
	草加〃	6.04	6.34	7.01	7.18	7.37	7.46	↓	8.10	8.25	↓	8.53	↓	9.24	↓	↓	10.04	10.26	10.41	11.05	11.25	11.41	12.06	↓	12.25	12.40	13.05	13.25	13.40	14.06	↓	14.26
	西新井〃	6.11	6.40	7.09	7.25	7.45	7.53	↓	8.18	8.33	↓	8.59	↓	9.31	↓	↓	10.10	10.32	10.47	11.12	11.31	11.47	12.14	↓	12.31	12.47	13.12	13.31	13.47	14.13	↓	14.32
	北千住着	6.16	6.46	7.17	7.33	7.52	8.01	8.10	8.26	8.41	8.45	9.05	9.10	9.37	9.30	9.56	10.16	10.36	10.51	11.16	11.36	11.51	12.19	12.11	12.36	12.51	13.17	13.36	13.51	14.17	14.11	14.37
	曳舟〃	6.27	6.58	7.27	7.45	8.03	8.12	↓	8.37	8.55	↓	9.20	↓	9.48	↓	↓	10.25	10.46	11.01	11.27	11.46	12.01	12.30	↓	12.46	13.01	13.27	13.46	14.01	14.27	↓	14.47
	浅草〃	6.33	7.06	7.36	7.53	8.09	8.20	8.29	8.43	9.03	8.59	9.25	9.20	9.55	9.40	10.07	10.31	10.52	11.06	11.34	11.51	12.06	12.36	12.25	12.52	13.06	13.33	13.52	14.06	14.33	14.24	14.53

準	準	急	準	準	準	準	準	準	急	(動)快	準	急	準	準	準	急	準	準	準	準	普	準	準
崎	伊勢崎	赤城	伊勢崎	伊勢崎	伊勢崎	伊勢崎	伊勢崎	伊勢崎	小城	伊勢崎	伊勢崎	葛生	伊勢崎	伊勢崎	館林	伊勢崎	赤城	太田	伊勢崎	館林	太田	館林	準
53	553	1415	555	557	559	561	563	565	1419	323	567	1621	569	571	573	575	1423	577	579	599	581	583	

準	準	準	急	準	準	準	準	普	急	準	準	準	急	準	準	急	準	準	準	準	普	普	普
羽生	太田	伊勢崎	赤城	羽生	太田	伊勢崎	伊勢崎	太田	赤城	伊勢崎	伊勢崎	伊勢崎	赤城	伊勢崎	伊勢崎	赤城	伊勢崎	伊勢崎	伊勢崎	準	伊勢崎	伊勢崎	伊勢崎
456	556	358	1418	458	558	560	360	598	1422	362	562	564	1424	566	568	1426	570	572	574	576	878	880	882

【伊勢崎線時刻表　昭和戦後期】
1970（昭和45）年5月現在の東武伊勢崎線の時刻表の表紙である。都内側では浅草駅を起点として、群馬県の伊勢崎駅（伊勢崎線の終着駅）、葛生駅（佐野線の終着駅）、赤城駅（桐生線の終着駅）、小泉町駅方面に路線が延びていた。なお、杉戸（現・東武動物公園）駅から延びる日光線・宇都宮線部分は除かれている。中原鉄道（上州鉄道）に由来する小泉線には、表記の小泉町駅とともに東小泉駅、西小泉駅が存在している。

東武鉄道の沿線地図（文：生田 誠）

建設省地理調査所発行「1/50000地形図」

1954年
（昭和29年）

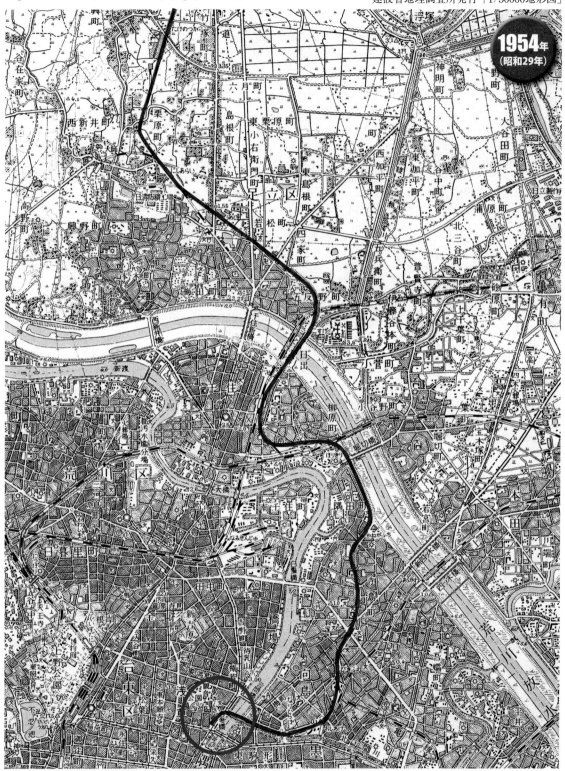

浅草駅を出た東武伊勢崎線の電車は、隅田川を渡って業平橋（現・とうきょうスカイツリー）へと進んでゆく。このあたりは東京都墨田区で、戦前の墨田区は本所区と向島区に分かれていた。東武線は旧向島区内を北上し、曳舟、東向島、鐘ヶ淵、堀切へと至る。このうちの東向島駅は1987（昭和62）年までは玉ノ井駅を名乗っていた。堀切駅からは足立区となり、さらに北千住駅では国鉄常磐線、地下鉄日比谷線などと接続することとなる。

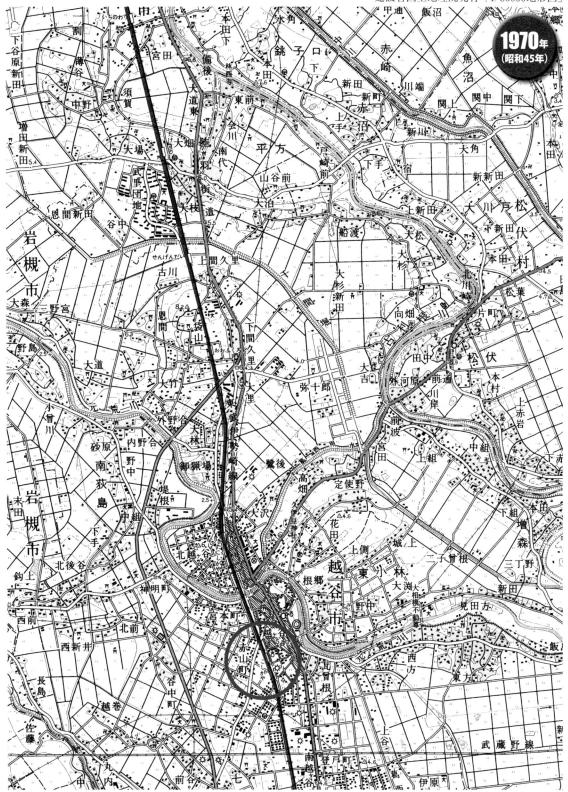

1970年
（昭和45年）

東武伊勢崎線が走る埼玉県越谷市付近の地図である。西側は岩槻市であり、北東は松伏村となっている。北葛飾郡の松伏村は現在、松伏町となっている。1958（昭和33）年に成立した越谷市の前身は越谷町で、この町は1954（昭和29）年に越ヶ谷町、大袋村、蒲生村などが合併して誕生している。このうち、「大袋」と「蒲生」は東武の駅名となっている。武蔵野線と交差する付近には現在、東武には新越谷駅、国鉄には南越谷駅が置かれている。

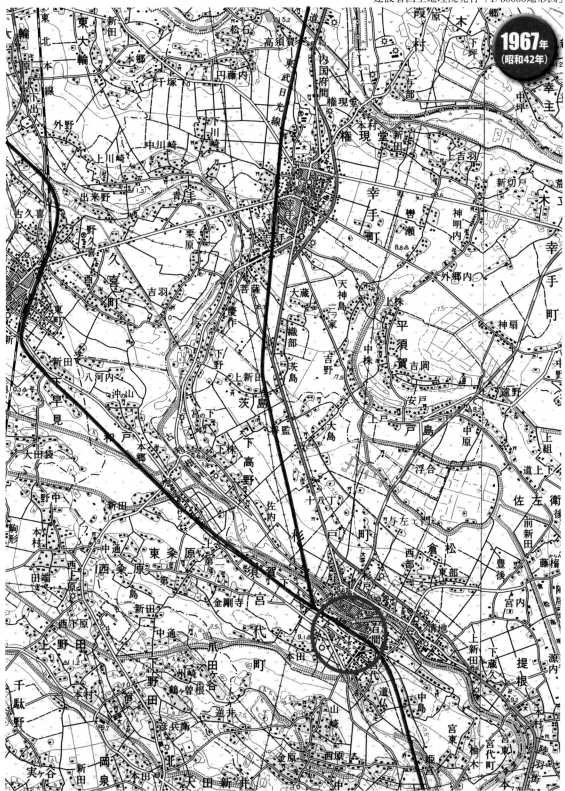

1967年
（昭和42年）

駅の南西に広がる東武動物公園が開園する前は「杉戸駅」を名乗っていた東武動物公園駅附近の地図である。伊勢崎線と日光線が分岐するこのあたりは南埼玉郡宮代町で、北側は杉戸町である。伊勢崎線は和戸駅をへて久喜駅に至るが、この駅では国鉄東北本線と連絡している。久喜駅が置かれているのは久喜市である。一方、日光線は幸手駅が存在する幸手市方面へ北上してゆく。途中駅としては1986（昭和61）年、杉戸町内に杉戸高野台駅が開業する。

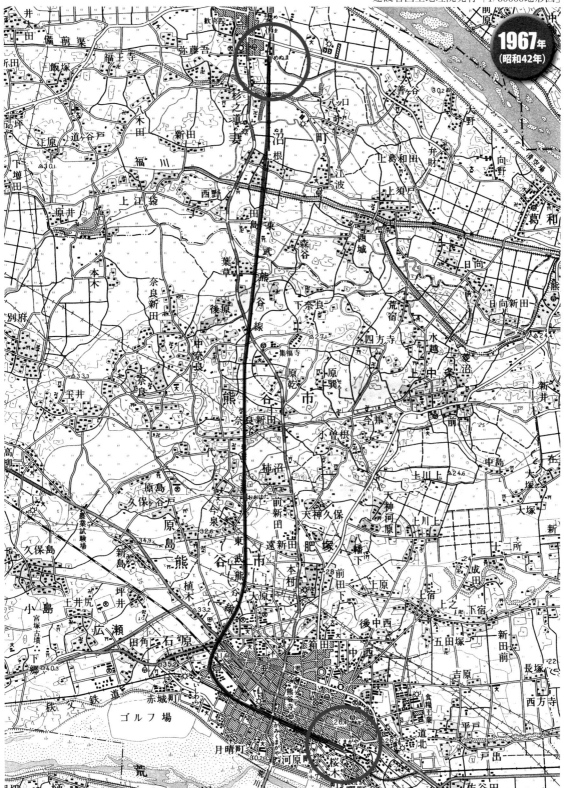

1967年（昭和42年）

東武熊谷線が存在していた頃の熊谷市付近の地図である。熊谷駅と妻沼駅を結んでいた熊谷線は1943（昭和18）年に開業し、40年後の1983（昭和58）年に廃止されている。熊谷線は秩父鉄道秩父本線の上熊谷駅方面に進み、共同使用駅だったこの駅を出るとやがて北に向かい、もうひとつの中間駅の大幡駅を経て妻沼駅に至ることとなる。妻沼駅は大里郡妻沼町に置かれていたが、この妻沼町は2005（平成17）年に熊谷市の一部となった。

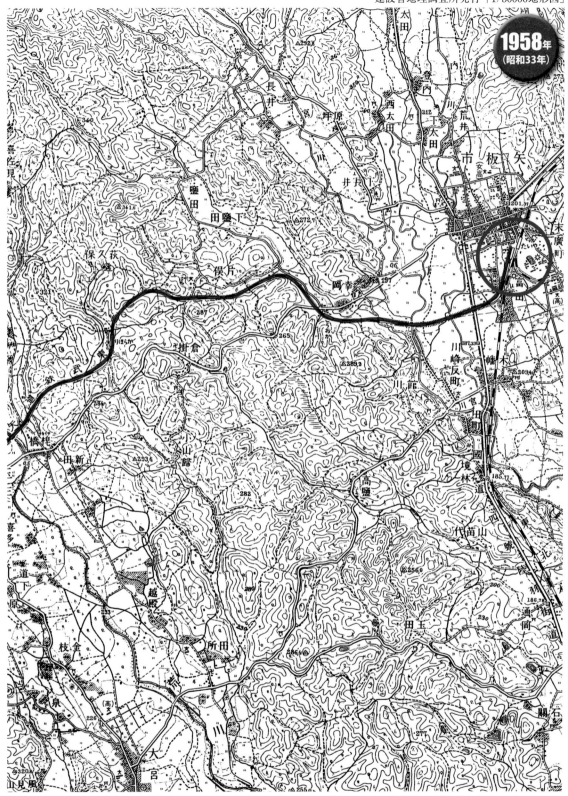

東北本線と連絡する矢板駅を起終点としていた東武矢板線の沿線の地図であり、矢板駅は栃木県矢板市に置かれている。この路線は下野電気鉄道をルーツとし、1924（大正13）年に矢板〜新高徳間が開通している。当初は762ミリの軌間だったが、1929（昭和4）年に1067ミリに改められた。1943（昭和18）年に東武鉄道に買収されて矢板線となった後、1959（昭和34）年に全線が廃止されている。矢板駅の隣駅は幸岡駅であり、その先に柄堀駅が見える。幸岡駅は矢板市、柄堀駅は現在の塩谷郡塩谷町に存在していた。

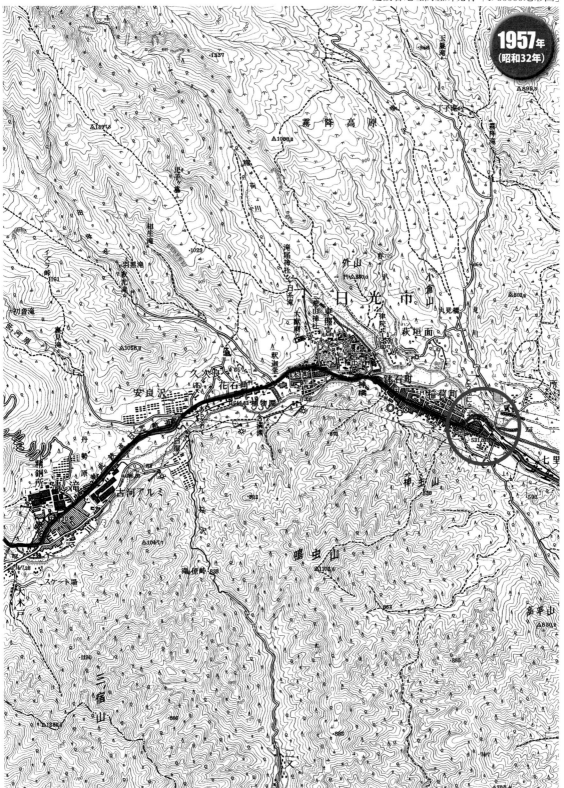

1957年
(昭和32年)

「日光の社寺」が世界遺産に指定されている栃木県日光市の中心部の地図であり、この時期には東武日光線とともに日光軌道線が存在していた。日光軌道線は日光駅前〜馬返間の9.6キロを中心とした10.6キロの軌道線で、日光電気軌道をルーツとしていた。その開業は1910（明治43）年で、1947（昭和22）年に東武鉄道の路線となり、1968（昭和43）年に廃止となった。なお、右側には国鉄の日光駅と東武日光駅が見える。

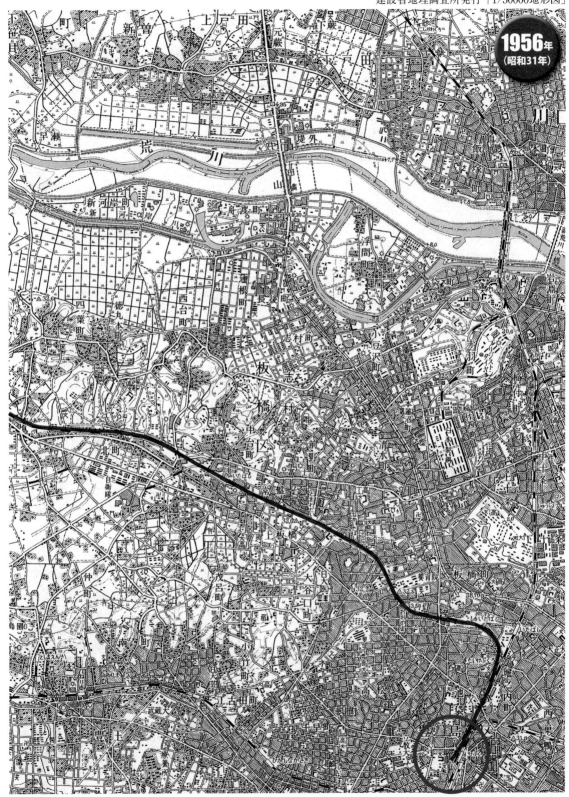

1956年
（昭和31年）

池袋駅から北西に伸びる東武東上線の沿線で、豊島、板橋、北区の地図である。荒川の北側は埼玉県となっており、戸田、川口の地名が見える。池袋駅の隣駅は北池袋駅であるが、その先には下板橋、中板橋、上板橋駅といった「板橋」が付いた駅名が並んでいる。しかし、下板橋駅は北池袋駅と同じく豊島区（池袋本町４丁目）に存在し、上板橋駅の隣駅は東武練馬駅であるが「練馬」という地名が付いたこの駅は板橋区徳丸２丁目に置かれている。

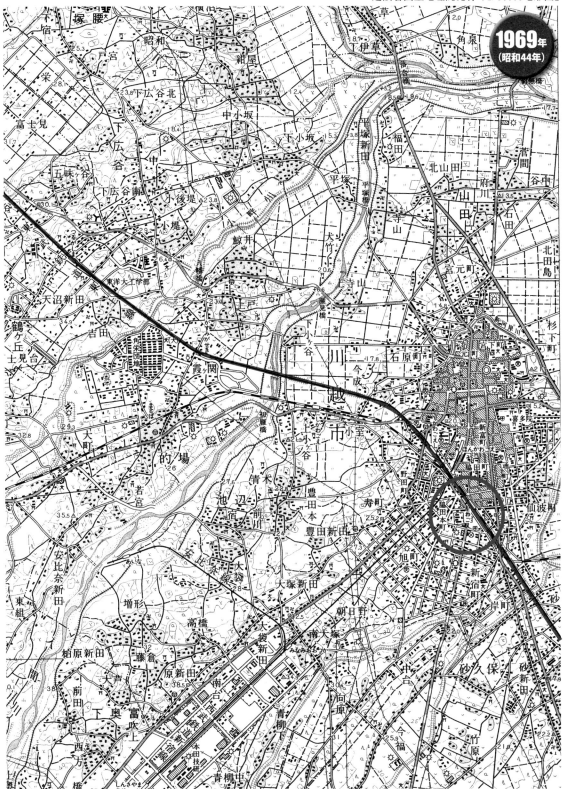

1969年
（昭和44年）

東武と西武、そして国鉄川越線が駅を有している川越市中心部の地図となっている。東武東上線は川越駅と川越市駅、西武は本川越駅であり、川越駅は東武と川越線が共同で使用している。川越市駅の隣駅となっている霞ヶ関駅が見えるが、ここまでが川越市内であり、次の鶴ヶ島駅は鶴ヶ島市と川越市との境界に存在している。この駅の所在地は鶴ヶ島市大字上広谷である。霞ヶ関駅と鶴ヶ島駅との間には、東洋大学の川越キャンパスが見えている。

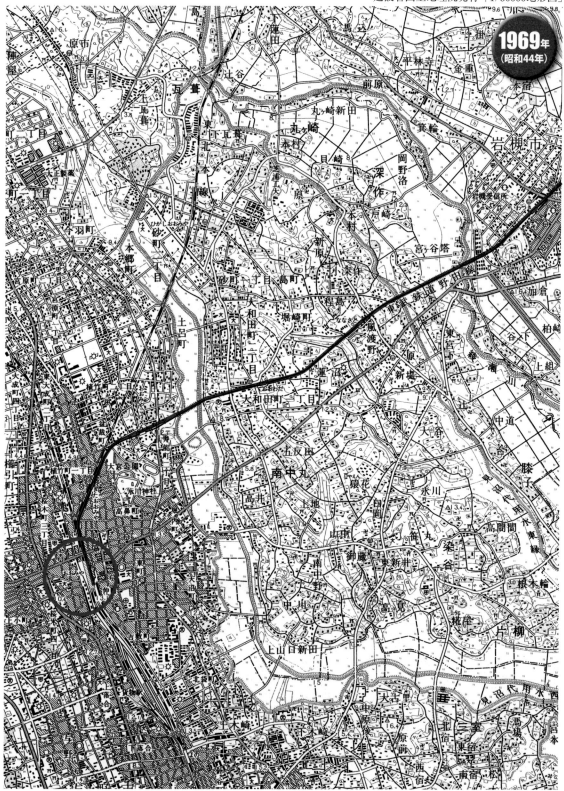

建設省国土地理院発行「1/50000地形図」

1969年
（昭和44年）

大宮駅を起点とする東武野田線の沿線の地図で、この先は千葉県内に入り、船橋駅に至っている。野田線は戦前の千葉県営鉄道（初代北総鉄道、総武鉄道）をルーツとし、太平洋戦争中の1944（昭和19）年に東武鉄道に吸収合併された。東北本線と連絡する大宮駅の隣駅は北大宮駅で、大宮公園の北側を通るあたりには大宮公園駅が置かれている。その先には大宮（現・さいたま）市内に大和田、七里駅があるが、1955（昭和30）年までは七里村が存在した。

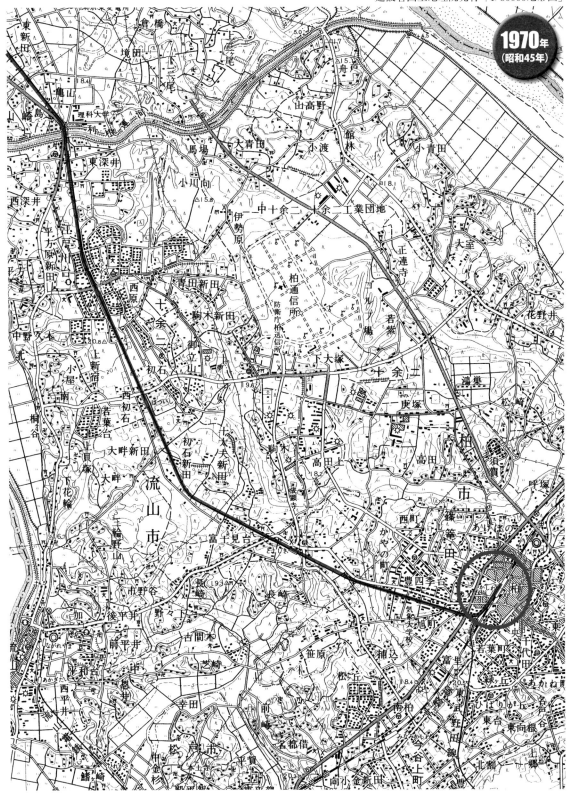

1970年（昭和45年）

東武野田線の主要駅のひとつで、国鉄常磐線と連絡している柏駅付近の地図である。現在の野田線はその成り立ちから、大宮〜柏間が野田線、柏〜船橋間が船橋線という2つの路線で、1948（昭和23）年に統合されている。柏駅の隣駅は豊四季駅であり、その先には初石駅が見える。現在はこの豊四季〜初石間をつくばエクスプレス線が横切っており、交叉する場所には流山おおたかの森駅が置かれている。この駅の開業は2003（平成15）年である。

東武鉄道の時刻表

（昭和31年秋　9月15日→11月11日）

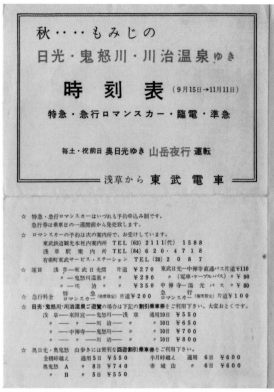

秋‥‥もみじの
日光・鬼怒川・川治温泉ゆき
時　刻　表 （9月15日→11月11日）

特急・急行ロマンスカー・臨電・準急

毎土・祝前日　奥日光ゆき　山岳夜行　運転

―――――浅草から　東　武　電　車

☆ 特急・急行ロマンスカーはいづれも予約申込み制です。
　　急行券は乗車日の一週間前から発売致します。
☆ ロマンスカーの予約は次の案内所で、お受けしています。
　　東武鉄道観光本社内案内所　TEL（63）2111（代）　1588
　　浅草駅案内所　TEL（84）620・4718
　　有楽町東武サービス・ステーション　TEL（20）2087
☆ 運賃　浅草―東武日光間　片道　￥270　東武日光―中禅寺直通バス片道￥110
　　　〃　　　―鬼怒川温泉　〃　￥290　（電車・ケーブルバス）￥90
　　　〃　　　―川治　　　　〃　￥350　中禅寺―湯元　バス　￥80
☆ 急行料金　特急ロマンスカー（座席指定）片道￥200　急行ロマンスカー（座席指定）片道￥100
☆ 日光・鬼怒川・川治温泉ご遊覧の場合下記の割引乗車券をご利用下さい。大変おとくです。
　　浅　草―東照宮―鬼怒川―浅　草　通用10日　￥550
　　　〃　　　―川治　　　　　　　〃　10日　￥650
　　　〃　　　―中禅寺―鬼怒川―　〃　10日　￥700
　　　〃　　　　　　　　　　　　　〃　10日　￥800
☆ 奥日光・奥鬼怒　山歩きには便利な回遊割引乗車券をご利用下さい。
　　金精峠越え　通用8日　￥550　半月峠越え　通用6日　￥600
　　奥鬼怒A　　〃　5日　￥740　赤城山　　　〃　6日　￥600
　　　　　B　　〃　5日　￥550

日光・鬼怒川・川治案内図

日光名所観覧料その他

日光・鬼怒川・川治温泉ゆき時刻表 （自 31年9月15日 至 〃 11月11日）

第1章

東武本線系

- ・伊勢崎線
- ・亀戸線
- ・大師線
- ・日光線
- ・宇都宮線
- ・鬼怒川線
- ・野田線
- ・佐野線
- ・小泉線
- ・桐生線
- ・帝都高速度交通営団　日比谷線

伊勢崎線

業平橋

伊勢崎線は1899（明治32）年に北千住～久喜間が、1902（明治35）年に北千住～吾妻橋（現・東京スカイツリー）間が、1903（明治36）年までに久喜～川俣間が開業した。しかし予定していた両毛地区延伸には、利根川の架橋ができず業績は停滞していた、この打開

業平橋（現・東京スカイツリー）駅は1902（明治35）年に吾妻橋駅として開業する。しかし、より都心を目指して亀戸線が開業すると、1904（明治37）年に廃止されてしまうが、亀戸から先乗り入れていた総武鉄道（初代）が国有化されると、乗り入れに制約が出たため1908（明治41）年に貨物駅として復活。1910（明治43）年に旅客営業の再開に合わせて浅草駅に改称した。しかし浅草中心部からは離れているので、浅草・上野さらに新橋へ路線を目指すことになる。
電車はモハ5300形モハ5312。出自は1937（昭和12）年日本車輌製デハ11形デハ1106で日光線特急車両として増備され

に根津嘉一郎氏を経営に招き、倹約と積極経営で利根川に架橋、1907（明治40）年に足利町（現・足利市）まで延伸し、輸送量も伸び業績も回復した。1909（明治42）年に太田、翌1910（明治43）年に伊勢崎まで開業し、全通している。1912（明治45）年からは複線化が浅草方から始まり、1927（昭和2）年に羽生まで完成、電車運転は1924（大正13）年に浅草〜西新井間で始まり、1927（昭和2）年に全線電化となった。

たグループ。戦時中はロングシート化され使われ、1951（昭和26）年の改番でモハ5440形モハ5444に、同年特急用としての再整備と制御器交換でモハ5310形モハ5312となる。5700系登場後は急行用となり、1800系登場で1970（昭和45）年に3扉ロングシート4両編成化が行われるが、1974（昭和49）年に更新改造されモハ5100形モハ5104、改番でモハ3170形モハ3174となる。
◎モハ5312　業平橋　1960（昭和35）年12月26日

業平橋

浅草へ延長する前の旧・浅草駅は画面右端に見える高架橋より右側にあり、長距離電車ホームと短距離電車ホーム、北十間川に接続する船渠と貨物扱いホームとヤードを持ち、本社を併設した駅本屋には東京市電も乗入れる旅客・貨物両方のターミナル駅だった。しかし浅草中心部からは離れているので路線延長を申請して、すでに浅草〜上野間の免許を持っている東京地下鉄道との関係で、浅草までの区間が認められ花川戸線として延長工事が始まる。1931（昭和6）年に現・浅草駅まで開業すると業平橋駅に改称し、貨物駅として再整備。戦後1949（昭和24）年に磐城セメント（現・住友大阪セメント）が生コンクリート工場「東京コンクリート」を設け、1950（昭和25）年には写真に見える高架橋の砂利ホッパーが完成し、都内の建設現場へ資材が運ばれていった。しかし1986（昭和61）年に砂利輸送が、1993（平成5）年にセメント列車の運転が終了し、業平橋駅から貨物列車はなくなった。その後この貨物駅跡地に東京スカイツリーが建設されることになる。

電車はクハ800形クハ810で、1954（昭和29）年のナニワ工機製。制御車は電動車の電装解除の仕様でつくられたため、パンタ台を装備する。当初は茶色塗装で、試験塗装の結果採用されたオレンジに黄色帯となったが、2000系と同じ旧・東武色からセイジクリームに塗装は変わり、1981（昭和56）年にクハ5600形クハ5601に更新改造された。

◎クハ810　業平橋　1960（昭和35）年12月26日

業平橋〜曳舟

業平橋駅構内にあった1号踏切より曳舟方を望んでいる。電車は業平橋駅を出た下り電車、左側は電車留置線で、西新井工場に統合される前は、ここに浅草工場があった。背後には機関区があったが、1951（昭和26）年に杉戸機関区に統合され電車留置線になっている。

電車はクハユ290形。出自はクハユ1形とクハニ1形があるが、扱う荷物が違うだけで1927（昭和2）年日本車輌製。すべてクハユに揃えられたのち、1951（昭和26）年の改番でクハユ290形となる。1967（昭和42）年に更新改造されクハ3600形、1971（昭和46）年の改番でクハ3400形となる。

◎クハユ290形　業平橋〜曳舟　1958（昭和33）年8月2日

業平橋〜曳舟

踏切は2号踏切で、現在の桜橋通りにあたる。信号機は業平橋駅場内信号、貨物引き上げ線の向こう側2線は京成電鉄押上線の線路。左手に1931（昭和6）年に開業した請地駅があり、1932（昭和7）年に隣に京成請地駅が開業すると乗り換え駅となったが利用者は少なく、どちらの駅も1946（昭和21）年までに休止、のちに廃止された。

電車の出自は1920（大正9）年汽車会社製のB3-4形ホハ13。1930（昭和5）年に電車、編成の中間車として使用するため、サハ1形サハ25に改造、1949（昭和24）年に汽車会社で鋼体化改造されサハ80形サハ84に、1954（昭和29）年に先頭車改造されクハ550形クハ554（2代）となった。木造客車由来の狭い台枠に車体を載せている。1973（昭和48）年にサハ3250形サハ3257に更新改造され、1996（平成8）年に廃車となった。

◎クハ554　業平橋〜曳舟　1958（昭和33）年8月2日

上の写真の北千住方の3号踏切。この踏切の業平橋方に請地駅があった。伊勢崎線の踏切は、東京メトロ半蔵門線との相互乗り入れのため2003（平成15）年に高架化されてなくなったが、京成線の踏切は高架から地下へ潜る途中にあたるため現存している。

機関車はB6形64号機、元・国鉄6250形で、ネルソンこと6200形を過熱式に改造したもの。60〜64号機の5両の譲渡を受けたが、64号機の出自は官設鉄道D9形614、1900（明治33）年英国ネルソン社製で、鉄道院の車両形式称号規程で6200形6232となり、1915（大正4）年にシュミット式煙管過熱装置取付改造を施し、6250形6251へ改番される。1942（昭和17）年に輸送力増強のため東武鉄道が借り入れ使用していたが、1944（昭和19）年に正式に編入され64号機となった。1960（昭和35）年に伊勢崎線杉戸以南の貨物列車が電化され、業平橋からSLは消え、64号機も1964（昭和39）年に廃車解体された。

◎64　業平橋〜曳舟　1958（昭和33）年8月2日

曳舟〜玉ノ井

踏切の道路は明治通りで、関東大震災の復興事業として昭和初期につくられた道路。水戸街道の踏切も近くにあって、1967（昭和42）年にいち早く高架工事が行われ、踏切を除去している。まだ踏切警手が手作業で遮断機を作動させていたころ。電車は1951（昭和26）年日本車輌製。当時流行の正面2枚窓を備えた特急用編成として新製されたが、1956（昭和

31）年に白帯を巻いた新特急車1700系ができると、青帯を巻いて急行用電車となった。浅草〜東武日光間の「急行 にょほう」が浅草に向かう。1960（昭和35）年に貫通扉取り付け改造、1969（昭和44）年に車体修繕が行われ、1991（平成3）年まで活躍した。◎モハ5700　曳舟〜玉ノ井　1959（昭和34）年6月13日

前ページと同じ明治通りの踏切から、右端に見える看板は映画館「墨田大成館」のもの。住宅街にあった映画館だが昭和30年代で閉館した模様。電車後ろの建物は、鈴木ゴム本社工場。1995（平成7）年に改築しているが現在も盛業中。

電車はクハ360形クハ363、1933（昭和8）年に京浜線用の2・3等合造車国鉄サロハ56形サロハ56003が戦時中の格下げでサハ57形サハ57051となり戦災で廃車、1950（昭和25）年に大榮車輌で復旧した。d1D5D6D2とドア間の窓数が異なるのは、運転台がある側が元2等車だったため。同じく20m車のモハ7300形と編成を組んだ。1964（昭和39）年に7800系の車体に更新されサハ360形サハ363に改造されている。

◎クハ363
曳舟～玉ノ井
1959（昭和34）年6月13日

曳舟〜玉ノ井

交差する道路は国道6号で、昭和初期から工事が始まった水戸街道のバイパスにあたる。前ページの明治通りとの交差点も近く、1967（昭和42）年に高架化されている。
電車はクハ860形クハ864、1958（昭和33）年製7860系は当時の東武唯一の日立製作所製で、モハ＋クハ8編成16両がつくられた。鋼製屋根と日立製の電気機器が採用される。2編成ずつ4種類の試験塗装車として落成し、緑に白帯はモハ7864とモハ7868の編成に施された。
◎クハ864　曳舟〜玉ノ井　1959（昭和34）年6月13日

玉ノ井駅は1902（明治35）年の北千住〜吾妻橋（現・東京スカイツリー）間開業時に白髭駅として開業。1905（明治38）年に休止、のちに廃止されるが、1924（大正13）年の浅草〜西新井間の電化時に玉ノ井駅として再開業した。戦災で被災し休止されるが、1949（昭和24）年に復旧している。現在は1967（昭和42）年の高架化ののち、1987（昭和62）年に東向島駅に改称している。
電車は「特急 たかはら」浅草行き、モハ1710形モハ1713でナニワ工機製。前年に導入したモハ1700形の改良型。DRCこと1720系が登場すると内装は準じて改装されたが、編成としては見劣りするため、1972（昭和47）年にDRCと同じ車体に載せ替える更新改造を行い、モハ1700形モハ1716と浅草方の先頭車となった。
◎モハ1713　玉ノ井　1959（昭和34）年6月13日

鐘ヶ淵〜堀切

1923（大正12）年の荒川放水路開削に伴うルート変更区間で、次々ページの元綾瀬川鉄橋から200mほど鐘ヶ淵方にきた付近。荒川の堤防に沿って直線に付け替えられたが、旧線路の現在は放水路の中、200mほど東に離れていた。
電車はクハ710形クハ710で、1951（昭和26）年日本車輌製。特急用編成として新製されたが、1956（昭和31）年に新特急車1700系ができると青帯を巻いて急行用電車となった。5700系は仕様や性能により3つのグループに分かれていたが、その後の改造で差異がなくなってきたので1965（昭和40）年に形式が統一され、クハ700形クハ702に改番された。「急行 あかなぎ」は赤薙山に由来する東武日光行き急行の愛称。
◎クハ710　鐘ヶ淵〜堀切　1959（昭和34）年6月13日

上の写真と同地点
ED4020形ED4022は、1948（昭和23）年東芝製の45t標準型電気機関車。当初自重を表す45を使いED45形ED451だったが、1951（昭和26）年の改番でED45形ED452に、1955（昭和30）年にED4020形に改番される。ED5060形が揃うと本線貨物から入れ換え用になり、1982（昭和57）年に廃車になっている。薄黄緑色の貨車は上白石駅に隣接した磐城セメント（現・住友大阪セメント）から業平橋駅のセメントサイロへセメントをばら積みで運ぶホキ101形。磐城セメント所有の私有貨車で、1986（昭和61）年にタキ11500形に置き換えられるまで同駅間のピストン輸送に用いられた。
◎ED4022　鐘ヶ淵〜堀切　1959（昭和34）年6月13日

堀切

堀切駅は1902（明治35）年の北千住〜吾妻橋（現・東京スカイツリー）間開業時に開業。当時は荒川放水路掘削前の旧線時代で、堀切菖蒲園の最寄り駅だった。しかし1905（明治38）年に休止、のちに廃止される。1923（大正12）年の荒川放水路開削に伴うルート変更で現在線に付け替えられ、1924（大正13）年の浅草〜西新井間の電化時に現在の堀切駅が開業した。木の向こうに駅舎が見えるが、手前の道は荒川放水路を渡る堀切橋に続き、駅名も対岸の「堀切」となった。電車右側に見える鉄橋は京成本線の荒川橋梁。堀切橋は1965（昭和40）年にこの橋すぐ下流に架け替えられ、元の堀切橋の位置には首都高速道路6号向島線の橋が架かっている。

電車の出自は1925（大正14）年日本車輌製のクハ１形クハ３。1931（昭和６）年にクハ２形クハ３に改造され、1937（昭和12）年に電装されモハ101形モハ101となる。1945（昭和20）年に戦災に遭ったが、1948（昭和23）年に車体修復しクハ420形クハ420として復旧した。その後は1967（昭和42）年の更新改造でクハ3600形クハ3624となり、1971（昭和46）年の改番でクハ3400形クハ3414となり４両編成の浅草方先頭車だったが、中間車２両を野田線の６両固定編成用に抜き取られたため２両編成となり、1991（平成３）年に廃車された。
◎クハ420　堀切　1960（昭和35）年12月26日

北千住

北千住駅は1899（明治32）年の東武鉄道開業時の駅で、1896（明治29）年開業の日本鉄道北千住駅の東側に設けられ、1面2線のホームと貨物用の線が複数設けられていた。1962（昭和37）年に営団日比谷線開業・相互乗り入れのために2面6線ホームと橋上駅舎に改築される。中央の4・5番線が日比谷線へ直通するホームで、小菅方に引き上げ線を有し、南千住方は急勾配で高架橋を上り、伊勢崎線下り線をオーバークロスする。外側の3・6番線が伊勢崎線ホームで、国鉄と共同使用駅のためホームは続き番号だった。ホームの浅草方を切り欠いて7・8番ホームがあり、伊勢崎線の待避列車が使用した。貨物扱い用に長い駅構内を有していたため可能であったが、東武の北千住駅での貨物扱いはそれ以前に廃止になり、千住貨物駅に集約、国鉄の北千住駅貨物扱いも1969（昭和44）年の営団千代田線開業前に廃止され、東武千住貨物駅継走貨物は1981（昭和56）年まで残ったものの、千住貨物駅も1987（昭和62）年に廃止となった。

直通運転は1962（昭和37）年5月31日に日比谷線の北千住〜南千住、仲御徒町〜人形町が開業し、既設の南千住〜仲御徒町間と合わせて北越谷までの区間で始まった。1963（昭和38）年に日比谷線は東銀座まで開業、翌1964（昭和39）年に中目黒まで全通し、東急東横線日吉駅までの3社相互直通運転が始まった。しかし東武車は中目黒まで、東急車は北千住まで、3社を直通できるのは営団車のみとされ、それも1968（昭和43）年の東急線・東武線のATS搭載のときに全車両に3社のATSを付けなかったため、東急側だけ乗り入れられる編成、東武側だけ乗入れられる編成、3社に乗入れられる編成の3タイプに分かれてしまった。営団3020は北千住開業時の増備車だが、東急形ATSの搭載にとどまったため、東武線には乗り入れができなくなった。
◎営団3000形　東武2000形　北千住　1962（昭和37）年7月15日

北千住～小菅

伊勢崎線の荒川放水路橋梁は、1923（大正12）年の荒川放水路開削に伴うルート変更で架橋され、東京石川島造船所製の200フィート複線曲弦トラス3連と、プレートガーター橋14連で構成される。変更前は北千住駅を出ると築堤を上り、常磐線を荒川の河道部でオーバークロスし、そのまま真っ直ぐ西新井駅に向かっていた。

電車の出自は1927（昭和2）年川崎造船所製のデハ4形デハ33で、1930（昭和5）年にデハニ4形デハニ33に改造され、1951（昭和26）年の改番でモハニ3270形モハニ3281となる。先頭運転席側ドアから2枚目の窓までが荷物室で、窓ガラス保護棒が見えている。その後は1967（昭和42）年の更新改造でモハ3500形モハ3535へ、1971（昭和46）年の改番でモハ3100形モハ3119となり、1991（平成3）年に廃車となった。

◎モハ3281　北千住～小菅
1962（昭和37）年7月15日

1974（昭和49）年北千住～竹ノ塚間複々線に向けて、下流側に将来上り線になるワーレントラス橋7連新橋を架橋し本線を一時的に移設、在来線の橋梁は下り線に転用されるが、この際中央3連のトラスは再利用されたが、デッキガーター橋の部分はワーレントラス橋に架け替えられている。

2000系は、中目黒方からモハ2100＋モハ2200＋モハ2300＋モハ2400のMMユニット方式、4両固定編成で10編成が1962（昭和37）年に登場した。その後、1964（昭和39）年にモハ2350＋モハ2250を2・3両目の間に組み込み6両編成化、1971（昭和46）年にモハ2550＋モハ2650を4・5両目の間に組み込み8両編成化されている。編成増備は1966（昭和41）年から1970（昭和45）年かけて10編成が6両固定で増備され、これらの車も8両編成化されたので全20編成160両となった。1988（昭和63）年から20000系新造による代替廃車が始まり、新しい中間車は野田線用に12両が2080系として改造転用されたが、1993（平成5）年までに転用車を含めて全車廃車となった。

◎2000系　北千住～小菅　1962（昭和37）年7月15日

小菅

小菅駅は線路東側に駅舎があり、階段を上がって築堤上のホームへ連絡する。1974（昭和49）年の北千住〜竹ノ塚間複々
線化工事で、築堤は切り崩され常磐線を乗り越す先の区間まで高架橋に改築されている。下り線は小菅駅に到着する
2000系北越谷行き、上り線は1720系DRC「特急 きぬ」。
◎2100形　小菅　1962（昭和37）年7月15日

小菅駅下りホーム端から西新井方を望む。アンダークロスする線路は国鉄常磐線。複々線化時に築堤は高架橋に改築され、ホームも複々線内側の緩行線の島式ホームに変わり、編成長が長くなったので、電車のいる付近がホーム端となっている。1700形の「特急 きりふり」が通過する。まだ冷房搭載前の原形時代。
◎1700形　小菅　1957（昭和32）年2月

小菅

荒川左岸堤防から小菅駅方面を望む。小菅駅は1923（大正12）年の荒川放水路開削に伴うルート変更のあと、翌1924（大正13）年の浅草〜西新井間電化・電車運転開始に合わせて開業した。電車右側後方の建物は小菅刑務所（現・東京拘置所）。電車は準快速浅草行き。準快速の種別は1958（昭和33）〜1965（昭和40）年の間に運転され、停車駅は北千住、春日部、杉戸、新大平下（一部のみ）、栃木で、以遠は各駅に停車した。基本的に更新のセミクロスシートのモハ3210形が用いられたが、ロングシートの車両も運用に就いた。

クハ550形クハ553（2代）は、1920（大正9）年汽車会社製のB3-4形ホハ12が出自。1930（昭和5）年にサハ1形サハ24に改造、1949（昭和24）年に汽車会社で鋼体化改造されサハ80形サハ83になったあと、1954（昭和29）年に先頭車改造されクハ550形クハ553（2代）となる。1972（昭和47）年の車両更新でクハ3650形クハ3658となり、1995（平成7）年に廃車となった。◎クハ553　小菅　1962（昭和37）年7月15日

西新井

陸羽街道に沿って北上する伊勢崎線だが、西新井駅は西新井大師總持寺の最寄りとして、街道よりも1kmほど西へ寄っている。参拝用に日本鉄道時代の上野駅から直通の臨時列車が運転されたこともあった。

1720系は世界の観光地・日光にふさわしい、外国人観光客にも十分な対応ができるようにしたデラックス・ロマンスカー。6両編成で東武日光方から1号車とすると、2・5号車にはビュッフェ、4号車にサロンルームを設け、トイレは和式洋式で1組として、1・3・5号車に装備した。電車の形式は全車モハ1720形で、浅草方からモハ1721+モハ1722+モハ1723+モハ1724+モハ1725+モハ1726とされ、第2編成はモハ1731〜から付番し、1960（昭和35）年から1973（昭和48）年にかけて7編成が増備された。写真のモハ1741〜の編成は1963（昭和38）年日本車輌製。1990（平成2）年に後継車である100系スペーシアが登場し、翌1991（平成3）年までに全車置き換えられ、「りょうもう」の新型車両200系に更新改造された。

◎モハ1741　西新井　1964（昭和39）年10月31日

北千住〜西新井間は荒川放水路開削に伴い、線路が付け替えられている。現在ホームから北千住方は左にカーブするが、かつては直進し、亀田トレイン通りから梅田通りが旧線路跡にあたる。旧線と新線の間の三角地帯にかつて西新井工場があり、駅から500mほどの旧線区間は留置線として使われていた。1955（昭和30）年の西新井総合電車工場完成時に留置線のあった範囲まで工場敷地が拡大している。

電車はクハ300形クハ313で、出自は戦後割り当てられた国鉄63形。1947（昭和22）年汽車会社製のクモハ63形クモハ63119で、非電装車だったので形式の前に小さい「ク」がついていた。1951（昭和26）年の改番でクハ300形クハ313となり、1962（昭和37）年に同番号のまま津覇車両で更新改造され、この車はトイレが装備された。連結面側最後部の窓がトイレでスリガラスになっており、床下に流し管も見える。トイレは昭和40年代後半に撤去される。制御器系が7800系とは異なるため5000系には更新されず、1981（昭和56）年に廃車になっている。

◎クハ313　西新井　1964（昭和39）年10月31日

西新井〜竹ノ塚

西新井大師に近づけるため陸羽街道より西に振って建設されたが、西新井駅の先で大きく右へカーブして街道に近づいていく。 そのカーブを曲がり終えるあたり、現在は環七北通りがアンダーパスする位置にあたる。現在も地上線だが複々線化されており、周りはすっかり宅地開発されたため昔の面影はない。車番は確実には読み取れないが、クハ320か。クハ320〜326は名古屋鉄道に割り当てられた車で、当時枇杷島橋梁の限界が狭く栄生以西の運用に就けなかったため、規格形の名鉄3800系を増備し63形は小田急電鉄に6両と東武鉄道に14両譲渡された。名鉄車は関西仕様だったので、東

武に直接入った関東仕様の車とはジャンパ線の向きと数が異なっていた。東武でも浅草駅改修前は入ることができず、業平橋折り返しとなっていた。浅草乗り入れに関して急カーブでのブレーキ管エア漏れ防止のため、密着連結器から自動連結器に交換している。その後、1959（昭和34）年から当時増備していた78系と同車体に更新される。
◎クハ300形　西新井〜竹ノ塚　1957（昭和32）年2月

西新井〜竹ノ塚

前ページの写真より少し西新井駅方になる。2本目の架線柱のところに5kmキロポストが見えており、その先の踏切が前ページと同じ踏切。伊勢崎線は当初北千住駅を起点に開業したため、5kmは北千住を起点にした距離となっている。複々線化したが地上線を走るのは変わらないので、現在も5kmキロポストを確認できる。

電車は1964(昭和39)年から新製が始まった6000系。日光線の急行・快速用として2扉トイレつきクロスシートで、新今市駅での日光と鬼怒川温泉方面の分割運用に備え、浅草方からモハ6100形＋クハ6200形の2両固定編成とされ、22編成が製造された。主に快速用として計画されたので冷房装置は搭載されていなかったこともあり、1986(昭和61)年の野岩鉄道との相互乗り入れに備え、全車6050系に更新改造された。

◎モハ6101　西新井〜竹ノ塚
1964(昭和39)年10月31日

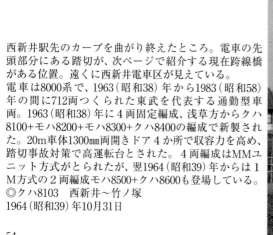

西新井駅先のカーブを曲がり終えたところ。電車の先頭部分にある踏切が、次ページで紹介する現在跨線橋がある位置。遠くに西新井電車区が見えている。

電車は8000系で、1963(昭和38)年から1983(昭和58)年の間に712両つくられた東武を代表する通勤型車両。1963(昭和38)年に4両固定編成、浅草方からクハ8100＋モハ8200＋モハ8300＋クハ8400の編成で新製された。20m車体1300mm両開きドア4か所で収容力を高め、踏切事故対策で高運転台とされた。4両編成はMMユニット方式がとられたが、翌1964(昭和39)年からは1M方式の2両編成モハ8500＋クハ8600も登場している。

◎クハ8103　西新井〜竹ノ塚
1964(昭和39)年10月31日

西新井〜竹ノ塚

現在「西新井駅竹ノ塚駅間跨線人道橋」がある位置にはかって踏切があり、そこから竹ノ塚方面を向いて撮っている。
左側の線路は西新井電車区の引き上げ線で、留置線から引き上げ線に入り折り返し検修庫線へ向かう。そのため本線に
は接続していない。現在の東京メトロ竹ノ塚検車区も同じ構造だが、伊勢崎線の複々線化で引き上げ線の位置は変わっ
ている。後方に見えるのは、建設中の竹の塚団地。
電車の出自は国鉄モハ31形モハ31083で、1931（昭和6）年川崎車輌製、事故被災車を1949（昭和24）年に大榮車輌でク

ハ450形クハ452として復旧させた。1952（昭和27）年にクハ450形クハ458（2代）となり、2両目のモハニ5470形モハニ5473（クハニ4形クハニ33、1929（昭和4）年日本車輌製、デハニ1形デハニ5→デハ8形デハ91を経てモハニ5473）と固定編成になっていた。更新改造も2両そろって1972（昭和47）年に行われ、クハ3650形クハ3664とモハ3550形モハ3564となり、1996（平成8）年まで使用された。
◎クハ458　西新井〜竹ノ塚　1964（昭和39）年10月31日

西新井～竹ノ塚

前ページと同位置。現在は複々線だが引き上げ線と下り本線が現在の下り方向の線路、列車が走行する上り本線とその外側が上り方向の線路になっている。連なる無蓋車は業平橋向けの砂利だろうか。業平橋には大規模な砂利ホッパーがあった。その後にはタンク車の姿も見える。

機関車のED5000形ED5001は1950（昭和25）年東芝製、当初は自重からED47形ED471だったが、1955（昭和30）年に現番号に改番された。1978（昭和53）年に廃車後三岐鉄道に譲渡され、現在はED45形ED458となっている。
◎ED5001　西新井〜竹ノ塚　1964（昭和39）年10月31日

西新井〜竹ノ塚

西新井電車区脇を行く「特急 さち」。1951（昭和26）年に登場した5700系に合わせ設定された東武日光・鬼怒川温泉行き併結特急。1700系が登場してからはバトンタッチし、DRCこと1720系が登場すると1700系も冷房・固定窓化、内装のデラックス化が図られている。しかしDRCとの接客設備の差や車体の傷みから、1700系も車体更新が行われ1971（昭和46）年からDRC化されたので、新今市での分割運用はできなくなり「さち」の愛称は消えている。「さち」の由来は幸の湖（中禅寺湖）から。
◎1700形　西新井〜竹ノ塚　1964（昭和39）年10月31日

西新井～竹ノ塚

西新井電車区脇を行く。電車はクハ360形クハ361。出自は鉄道省のモハ60形モハ60054で、1940（昭和15）年の田中車輛（現・近畿車輛）製。半流線形ながら準戦時設計で木製屋根に戻ったグループ。東武では、1950（昭和25）年に事故車を大榮車両で貫通路埋め込みのうえ中央運転台にした以外はほぼ原形で復旧されクハ360形クハ361となり、モハ6300（モハ7300）形と編成を組んで使用された。しかしモハは戦時型の国鉄63形であり、クハ360形も復旧車で車体の傷みが酷くなってきたので、1962（昭和37）年に津覇車両で78系の車体に更新改造された。そのため改造前の面影はない。残りのクハ360形は中間車サハ360形で更新されたのでクハ360形は1両だけになった。
◎クハ361　西新井～竹ノ塚
1964（昭和39）年10月31日

西新井電車区

西新井電車庫の用地は、西板線の伊勢崎線側の操車場用地として戦前から確保してあったが、西板線の計画が中断し戦時中は耕作が行われていた。1952（昭和27）年に西新井駅に隣接していた西新井電車庫がこの地に移転し、西新井電車区が発足。本線の出入は竹ノ塚駅で行い、電車留置線の先の西新井方に引き上げ線があり、折り返し検修庫線に向かうレイアウトで設備が設けられている。使われたのは操車場予定地の半分程度で、竹ノ塚駅に近い方は住宅地（1987（昭和62）年に建て替えられ、現在は都営伊興町第2アパート）となった。しかし増え続ける伊勢崎線から日比谷線への旅客輸送は、開業時に用意していた帝都高速度交通営団千住検車区の容量では不足をきたし、1966（昭和41）年に東武の検車庫は北春日部駅に隣接する春日部電車区（現・南栗橋車両管区春日部支所）に移転し、竹ノ塚の施設は帝都高速度交通営団竹ノ塚検車区となり、東武時代の施設をできる限りそのまま利用している。
◎西新井電車区　1964（昭和39）年10月31日

西新井電車区

西新井電車区に憩う車両。
手前から急行用に青帯を巻いたモハ5701＋クハ701、その後ろは特急用に残された5720形で、1957（昭和32）年9月には急行用に格下げされ青帯を巻くことになる。5720形の後ろは1700形のようだ。ひとつ後ろの線はモハ5310で、デハ11形デハ1104が出自。快速用に格下げされているが、またのちに伊勢崎線急行用に改装することになる。手前に空き地があるが、車両増備とともにこのスペースも検修庫線として整備されていく。
◎5700形　西新井電車区　1957（昭和32）年2月

西新井電車区は貨物扱いはなかったはずだが、検査か社用品を運んできたのか電気機関車も入っていたようだ。ED4010形ED4011は、1945（昭和20）年東京芝浦電気製の戦時標準設計型。日本窒素海南工業所向けに製造されたが、戦況の悪化で海南島に送ることができずに終戦を迎え、名古屋鉄道・東武鉄道・奥多摩電気鉄道・近畿日本鉄道（南海本線）が購入した。東武では日本窒素時代の番号ED40形ED403で使われたが、1955（昭和30）年に現番号に改番している。機関車後ろの車両は、コハフ200形コハフ200。出自は総武鉄道コハフ500形コハフ501で、1942（昭和17）年日本鉄道自動車工業（現・東洋工機）製。1944（昭和19）年に東武鉄道へ合併され、同番号で使用、1951（昭和26）年の大改番でクハ200形クハ200となる。1952（昭和27）年にコハフ200形コハフ200となり熊谷線などで使用されたが、1954（昭和29）年に廃車。車体13mの半鋼製小型ボギー車で、日本初の英国製ボギー客車コハ6500形の台枠・台車を流用したとされる。この時は車体に煙突を付け詰所として使われたが、検修庫線の増強工事のときに解体された模様。左端の電車は半流線形張り上げ屋根ノーシルノーヘッダーの車体を持つので、国鉄モハ60019を復旧したクハ360形クハ362。
◎ED4011　西新井電車区　1957（昭和32）年2月

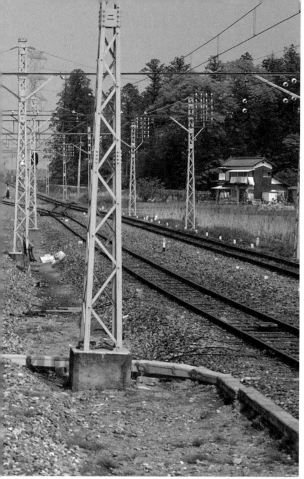

鷲宮

鷲宮駅は1902（明治35）年の久喜〜加須間開業時に鷲ノ宮駅として開業し、1930（昭和5）年に鷲宮駅に改称している。1927（昭和2）年に電化および複線化され、右側の架線柱はその当時のもの。下り本線は1974（昭和49）年に配線変更が行われ、架線柱と線路が新しい。上下線兼用の中線を持っていたが、現在は貨物列車がなくなったこともあり、ホーム側には柵が設けられ保線車両の留置分を除き線路も撤去されている。右手奥の森が、駅名由来の鷲宮神社。
1800系は1969（昭和44）年に伊勢崎線の急行用としてつくられ、クハ1810＋モハ1820＋モハ1830＋クハ1840の4両編成を組み、6編成が登場した。1973（昭和48）年に2編成増備、1979（昭和54）年に6両編成化されている。
◎1800形　鷲宮　1975（昭和50）年5月8日

館林

館林は太田と並び東毛地区の中心地で、館林藩の城下町として古くから栄えた。駅は1907（明治40）年に利根川を渡り、渡良瀬川右岸にできた足利町（現・足利市）までの延長時に市街地南西部に開業し、東武鉄道初期の目標を果たすとともに旅客・貨物とも大幅に増えて、業績向上に貢献している。1912（明治45）年に館林〜佐野町（現・佐野市）間の免許を持っていた佐野鉄道を合併し、1912（明治45）年にこの区間を開業、1917（大正6）年に館林〜小泉町間の中原鉄道が開業し、現在の線形ができあがった。駅の西側には日清製粉や正田醤油の工場が隣接し、館林発着の貨物列車もあり機関車が留置されている。
ED5060形ED5063は、1960（昭和35）年東芝製で、日立製のED5010とほぼ同じ形態・性能。1971（昭和46）年に重連総括制御つきに改造されて貨物列車の末期まで活躍し、2003（平成15）年に廃車となった。
◎ED5063　館林　1975（昭和50）年5月8日

太田

太田は大光院の門前町、日光例幣使街道の宿場町として古くから発展し、館林と並び東毛地区の中心地で交通の要所であり、太田駅には伊勢崎線、桐生線、小泉線が接続し、2面5線のホームと南側に貨物ヤードを有していた。高架工事では貨物ヤード跡地を使い、3面6線となっている。準急は浅草から伊勢崎・赤城・東武日光・東武宇都宮の各駅に向けて運転され、杉戸（現・東武動物公園）までの主要駅に停車し、一部を除いて以遠各駅停車になった。
電車はクハ820形クハ828で、1958（昭和33）年ナニワ工機製。7820系は78系でも31編成62両の最多グループ。この編成は1966（昭和41）年にモハ7827の編成を中間車化して組み込み、クハ828＋モハ7827＋サハ827＋モハ7828となっている。1982（昭和57）年に4両そろって更新改造されクハ5155＋モハ5255＋モハ5355＋クハ5455となり、2006（平成18）年まで活躍した。
◎クハ828　太田　1975（昭和50）年5月8日

境町

境町駅は伊勢崎線の全通時1910（明治43）年の開業。駅の南側に日光例幣使街道の宿場町だった境の街がある。駅は相対式ホーム2線と貨物扱い用の中線を有し、上下線のホームは駅舎を中心に互い違いになっており、列車行き違い時のタブレット交換が容易にできる国鉄線形の配線は、東武線内では珍しい。まだタブレット通票時代で転轍機へのロッドや、腕木信号機へのワイヤーが残っているが、その後自動信号化され、中線は撤去されて以前の貨物側線の位置に保線車両の留置線が新設されている。電車は50ページ下の西新井駅のクハ313で、WC撤去、ヘッドライト2灯化、セイジクリームへの塗り替えが行われている。2両目はモハ7319で、1962（昭和37）年の最終更新グループであるため、パンタグラフが連結面側にある。
◎クハ313　境町　1975（昭和50）年5月8日

亀戸線

　亀戸線は東武鉄道が両毛地区から東京、そして海運に結びつけるために、北千住から越中島を目指して計画された。1902（明治35）年に北千住〜吾妻橋（浅草→業平橋、現・東京スカイツリー）間を開業、途中の曳舟から亀戸の間を1904（明治37）年に開業させ、亀戸から総武鉄道（初代）に乗り入れ両国橋（現・両国）までの運転を開始した。吾妻橋より都心に近い位

置へ乗り入れたので、曳舟〜吾妻橋間は廃止されている。しかし1907（明治40）年に総武鉄道が国有化されると乗り入れ列車の自由度が利かなくなり、吾妻橋をターミナルに戻すことになり、1908（明治41）年に曳舟〜吾妻橋間を貨物線として再開業。1910（明治43）年に吾妻橋を浅草と改称し、旅客営業を開始した。これにより亀戸線は支線となったが、1928（昭和

３）年に複線電化を完成。総武線から他方面へ線路がつながっていなかったため通過貨物も多かったが、国鉄新金貨物線の開業で減少、旅客も戦後日比谷線と相互直通運転が始まると亀戸経由で都心へ出る人も減り、ローカル線になってしまった。越中島への延伸は予定地の沿線の市街化が進み、建設が困難になったことから断念している。越中島から先、京橋を経由して新橋まで延伸する計画もあった。

亀戸

開業当時は本線扱いだった亀戸線も、総武鉄道（初代）の国有化や、新金貨物線の開業、浅草（のちの業平橋）駅での水運との連絡強化で越中島延長もなくなり、支線となってしまった。背後の高架橋は1929（昭和４）年に国鉄が開業させた小名木川への貨物支線。総武本線の複々線化で本線を乗り越す跨線橋が架けられた。電車はモハ8500形モハ8520。1965（昭和40）年の富士重工製で、8000系の２両編成バージョン。1962（昭和37）年に営団地下鉄日比谷線との乗り入れが始まると都心への旅客ルートが変わり、20m車２両編成が標準となった。◎モハ8520　亀戸　1973（昭和48）年６月10日

大師線

　1920（大正9）年に東武鉄道と東上鉄道が合併すると、両線の連絡、とくに東上線の貨物を浅草へ運べるよう西新井～上板橋間の路線、西板線が計画された。しかし計画中に関東大震災が発生、復旧対応中に免許下付はされたものの、荒川の護岸工事の関係で設計の対応も遅れた。開業に向けて用地買収が進んだ区間の西新井～大師前間は1931（昭和6）年に開業するが、王子区（現・北区）内の市街化が進み、建設費が高額となり、採算の見込みがないとの理由で、1932（昭和7）年に上板橋～鹿浜間の起業を廃止した。大師前から先は一部工事が行われ路盤も完成していたものの、1937（昭和12）年に免許は失効している。西板線の操車場用地として確保した上板橋の土地は常盤台住宅地として開発され、竹ノ塚の土地は西新井電車区となった。1945（昭和20）年の城北大空襲で西新井付近で被災し営業を休止。2年後の1947（昭和22）年に大師線として営業を再開している。

大師前

大師前の駅は現在より南側、西新井大師参道沿いの、環七通り先の東武西新井サテライトマンションの位置にあった。写真はその時代で、踏切がのちに拡張されて環七通りになる道。1968（昭和43）年に道路拡幅工事のため、電車先のカーブの向こうの現在地へ駅が移転している。
電車はモハ7800形モハ7805。1953（昭和28）年汽車会社製で、当初はモハ7330形モハ7335だったが、同年末の称号改正で改番された。その後164両増備されることになる78系最初のグループ。晩年は中間車化され1981（昭和56）年にアルナ工機でモハ5250形モハ5253に更新改造された。
◎モハ7805　大師前　1964（昭和39）年10月31日

日光線

新大平下〜栃木

栃木駅の新大平下方で、右にカーブして栃木駅に至る。手前の道路は日光例幣使街道。現在は栃木駅高架化に伴い高架
線路になり、周りも市街地となり面影はまったくない。
電車はモハ3210形、クハ250形、モハ3210形で、伊勢崎線〜日光線の標準編成。デハ5系は日光線全通、伊勢崎線や東上
線の電化で大量の電車が必要となり、3年間で計114両が製造された。そのため車体裾を切り台枠が見える日本車輌製

日光線は1929（昭和４）年に杉戸（現・東武動物公園）～東武日光間94.5kmが全線複線電化で開業した。当初は佐野鉄道の終点だった葛生から山を越えて鹿沼まで29.5kmの敷設計画で、1912（明治45）年に佐野鉄道の合併後事業を始めたが、1913（大正２）年に田沼からの敷設に計画変更。1919（大正８）年に鹿沼から日光までの敷設免許を取得するが、田沼からの

ルートは地勢が険しく建設が困難だったため、1921（大正10）年に日光街道・日光例幣使街道沿いの現在のルートを変更し、申請し直して開業に至った。戦時中は小泉線や熊谷線建設のために、合戦場～東武日光間を単線化して資材を転用した。戦後順次複線に戻されるが、最後の合戦場～新鹿沼間が複線に戻されたのは1973（昭和48）年だった。

と、台枠下まで車体裾がある汽車会社製と、形態に変化も見られた。一部編成は２両固定セミクロスシート化の更新が行われたが、この編成は未更新のタイプ。いずれも3000系に更新改造されている。
◎モハ3210形　新大平下～栃木　1958（昭和33）年９月

宇都宮線

　宇都宮線は1927（昭和２）年に家中村から宇都宮市に至る20kmの免許を申請、翌年新栃木からの分岐に計画を変更し、1931（昭和６）年に新栃木〜東武宇都宮間が開業。計画の途中で複線電化に変更されたが、昭和恐慌の影響で単線での開業となった。ルートは栃木街道に沿い、栃木県内の輸送が主だったが、開業に合わせ宇都宮石材軌道を買収し、連絡する線を開業させて大谷線とし、沿線で産出する大谷石も運んでいた。

国谷

国谷駅に停車中のクハ250形他の3両編成。クハ250形はクハニ2形として製造され、デハ5形と組んで伊勢崎線〜日光線の主力だったが、荷物輸送の減少により荷物室を撤去してクハとなったもの。2両目は3扉に大きなパンタグラフを2つ持つのでデハ4系のモハニ3270形だろうか。
◎クハ250形　国谷　1958（昭和33）年9月

鬼怒川線

鬼怒川線は1943（昭和18）年に戦時統制で下野電気鉄道を買収した区間。建設は近在鉱山の貨物輸送が目的でのちに旅客も扱うことになり、1917（大正6）年に下野軌道の大谷向今市（だいやむこういまいち）（現・大谷向）～中岩（のちに廃止）6.0km間が軌間762mmゲージで開業した。その後、開業区間を延

大桑～新高徳

鬼怒川線の鬼怒川橋梁は1917（大正6）年に下野軌道が架橋した。鬼怒川が平地に出る前の狭窄地ある川の中の岩に橋脚を建て、トラス橋は九州鉄道（初代）が1891（明治24）年に架橋した初代遠賀川橋梁トラス橋を転用した。ドイツ・ハーコート社製の径間150フィートのポーストリングトラスで、植民地等の技術力の弱い地域でも架橋できるように主要部品をネジとピン止めでトラス橋に組み上げれる構造になっている。代わりに橋梁負担力は弱く20年で架け替えとなったため、鬼怒川橋梁のほか、砥川橋梁、足尾鉄道（現・わたらせ渓谷鉄道）に5連すべてが転用されている。しかし橋の

ばしていき、1919（大正8）年に国鉄今市駅前にあっ
た新今市～藤原（現・新藤原）間16.5kmが全通した。
1921（大正10）年に会社名を下野電気鉄道に改称し、
翌1922（大正11）年に全線を軌道から鉄道に変更し
600Vで電化する。1929（昭和4）年に東武日光線が
開業すると、大谷川を渡った先から東武線の新今市
駅へ接続するルートに変更し、また軌間を東武線と
同じ1067mmゲージに改軌し、連絡運輸を開始。1930
（昭和5）年には新高徳～新藤原の全線が改軌され、
1931（昭和6）年に架線電圧を1500Vに昇圧、1935（昭
和10）年ころより浅草から鬼怒川温泉への直通列車
が運行されるようになった。戦後は東武の開発計画
が進み特急ロマンスカーの運転、さらには野岩鉄道
への接続が行われている。

老朽化のため1972（昭和47）年に旧トラス橋の内側に新橋のガーター橋を差し込み、旧橋を解体しながら据え付ける同
位置での架け替えが行われている。背後は国道の中岩橋で、1936（昭和11）年架橋の上路ソリッドリブアーチ橋。それ
以前は1913（大正2）年架橋の木造アーチ橋が架かっていた。渡る電車は1700形の「特急 きぬがわ」。
◎モハ1700形　大桑～新高徳　1958（昭和33）年8月10日

野田線

　野田線は野田醤油醸造組合が、原料や製品輸送が船便では不便なため千葉県の起債を受け、1911（明治44）年に柏～野田町（現・野田市）間が千葉県営鉄道として開業した。大正期に県営鉄道の払い下げと船橋方面への延伸の計画が出て北総鉄道（初代）を創立、県営鉄道を譲り受け野田線とし、柏～船橋間の船橋

七里～岩槻

電車の行先が大宮～岩槻なのと、同じ場所で撮った次ページの写真左端は架線柱が広がって駅構内のようなので、七里駅の岩槻方。現在は複線化され住宅が増えたものの、まだ農地も残っている。
電車は7820系クハ820形クハ830とモハ7820形モハ7830で、1957（昭和32）年ナニワ工機製。その後1966（昭和41）年の4両編成化の際に2両とも中間車に改造。1983（昭和58）年にアルナ工機で更新改造され、5050系のクハ5650形クハ5662とモハ5550形モハ5562になり、2両編成に戻った。
◎クハ830　七里～岩槻　1962（昭和37）年9月26日

線を1923（大正12）年に開業する。続いて野田町から粕壁・大宮方面への延伸が計画され、1929（昭和4）年に野田町～清水公園間が延長された。さらに大宮～粕壁（現・春日部）を、将来を見据えて電化区間として開業、会社名も総武鉄道（2代）に改め、柏～清水公園間も電化した。翌1930（昭和5）年に江戸川橋梁が完成して粕壁～清水公園間が開業、野田線になる区間が全線開業した。1944（昭和19）年に陸上交通事業調整法にもとづき、東武鉄道に合併され野田線・船橋線となる。船橋線の電化は1947（昭和22）年、翌年両線が統合され、現在の野田線となった。

電車はモハ3200形とクハ420形だが、先頭のモハ3200の出自は1927（昭和2）年日本車輌製のデハ4形デハ17を1951（昭和26）年に改番、2両目クハ421は1925（大正14）年日本車輌東京支店製のクハ1形クハ6の戦災復旧車。3両目は運輸省規格型新車モハ3200形のモハ3202、4両目のクハ420形クハ425は1948（昭和23）年に事故大破したサハ1形サハ10の台枠に運輸省規格型の車体を載せたもの。1950（昭和25）年の改番で千位が電動機出力、百位が制御方式で付番され直されたため、異なる生まれでもその後の改造等で同形式に収まることがあった。これらの電車は3000系に更新改造されることになる。
◎モハ3200　七里～岩槻　1962（昭和37）年9月26日

豊四季〜柏

野田線の前身の千葉県営鉄道は野田醤油醸造組合が起債を受けたが、製品等を国鉄線へ直通できるよう軌間1067mmゲージを採用したように、醤油に関する貨物の割合が高かった。1970（昭和45）年に常磐線複々線化工事のため、柏駅の貨物扱いは北柏駅に移されたが、野田線中継貨物は継続されていた。しかし国鉄分割民営化を控え、1984（昭和59）年2月のダイヤ改正でヤード継走の貨物列車が全廃されるのに伴い、柏駅および北柏駅の貨物扱いが廃止されたため、野田線の貨物列車も大宮〜春日部、野田市〜船橋間は廃止され、残った春日部〜野田市間も、翌1985（昭和60）年3月をもって廃止された。

機関車はED5060形ED5072。1966（昭和41）年の東芝製で、会沢線・大叶線に残っていた蒸気機関車の置き換え用に製造された。長い間主力として使われたが、貨物列車の減少に伴い1991（平成3）年に廃車になっている。

◎ED5072　豊四季〜柏　1980（昭和55）年1月23日

上の写真と同位置。

柏駅の豊四季方、左側2線が野田市方面、右の1線が船橋方面だが、北総鉄道（初代）が1923（大正12）年に柏〜船橋間の船橋線を開業したときは、船橋方面の駅は国鉄線の東側（駅本屋側）にあった。1930（昭和5）年に常磐線を乗り越す跨線橋が設けられ野田方面の駅に統合されたが、その後しばらくは在来の線路も残されていたようだ。複線化が遅れた野田線だったが、初石〜柏間の複線化が1978（昭和53）年、柏〜新柏の複線化は1991（平成3）年になってからだった。

電車はクハ3650形クハ3656で、出自は1920（大正9）年の汽車会社製中型標準客車B3-4形ホハ10。1930（昭和5）年に電車の中間車に改造されサハ1形サハ22となり、1950（昭和25）年日本車輌で鋼体化改造されサハ80形サハ81となる。1954（昭和29）年に先頭車改造がなされクハ550形クハ551（2代）となり、1972（昭和47）年に津覇車両で更新改造を受けクハ3650形クハ3656となり、1992（平成4）年まで使用された。

◎クハ3656　豊四季〜柏　1980（昭和55）年1月23日

柏

東武野田線の柏駅は1911（明治44）年に千葉県営鉄道野田線として開業している。他の県営鉄道線が軌間600㎜や762㎜ゲージの狭軌線だったのに対して、起債を受けた野田醤油醸造組合は国鉄線への直通を要望し、軌間1067㎜ゲージで開業している。1921（大正10）年に県営鉄道の払い下げ方針が打ち出され、同時に船橋方面への延伸が計画されたため、京成電気軌道を中心に払い下げ申請がなされ、1923（大正12）年に北総鉄道（初代）に払い下げられている。その後粕壁（現・春日部）、大宮延長に際して京成系資本から野田醤油（現・キッコーマン）資本となり、現在の東武野田線の原形ができ上がった。柏駅は国鉄線ホームと共用だったが、1956（昭和31）年の西口開設以降に、常磐線複々線化工事準備もあり西口側に野田線ホームを新設、その後複々線工事進展に合わせ1971（昭和46）年に橋上駅舎化されると、現在の2面4線のホームとなった。1979（昭和54）年にオープンする駅ビル「柏ローズタウン」（現・柏高島屋ステーションモール）の最終工事が進んでいるようだ。

電車はクハ3650形クハ3651で、出自は1923（大正12）年の日本車輌製中型標準客車B3-5形ホハ22。1930（昭和5）年に電車の中間車に改造されサハ1形サハ17となり、1950（昭和25）年に日本車輌で鋼体化改造がなされクハ500形クハ515となる。1972（昭和47）年に津覇車両で更新改造を受けクハ3650形クハ3651となり、1992（平成4）年まで使用された。

◎クハ3651　柏　1979（昭和54）年2月19日

六実

六実駅は1923（大正12）年に北総鉄道（初代）船橋線の駅として開業。船橋線の電化は遅れ、東武鉄道に合併されたあとの1947（昭和22）年。複線化はさらに遅く、六実〜新鎌ヶ谷信号場間は1989（平成元）年、高柳〜六実間は2019（令和元）年。ホームは2面3線で、折り返し電車や貨物列車の待避に中線が使われていたが、全面複線化で中線は廃止され、2面2線に変更されている。戦時中の1944（昭和19）年に、駅東側に藤ヶ谷陸軍飛行場が建設されることになり、駅から専用線が建設された。戦後はGHQに接収されアメリカ陸軍航空隊白井基地となり、専用線も引き続き使用されたが、1959（昭和34）年に米軍が撤退し海上自衛隊下総基地になる前に運行を停止している。

電車はクハ3600形クハ3605で、出自は1927（昭和2）年日本車輌製のクハニ1形クハニ5。1929（昭和4）年にクハユ1形クハユ5に改造され、1951（昭和26）年の改番でクハユ290形クハユ293となる。1966（昭和41）年に津覇車両で更新改造がなされクハ3600形クハ3620、1971（昭和46）年の改番では2両編成組みだったため、クハ3600形クハ3605となり、1990（平成2）年に廃車となった。

◎クハ3605　六実　1979（昭和54）年2月19日

六実〜鎌ヶ谷

鎌ヶ谷駅の六実方で、背後に鎌ヶ谷駅の腕木信号機が見えている。線路右側の道路が駅手前で右にカーブするのは変わっていないようだが、線路は複線高架橋になり、周りはすっかり宅地開発され面影はまったくない。
機関車はED3000形で、北総鉄道（初代）が1929（昭和4）年に英国イングリッシュ・エレクトリックで製造したデキ1形1〜3。実際の使用は大宮延長に備え総武鉄道（2代）に社名変更後、柏〜清水公園間の電化とともに開始された。
1944（昭和19）年の東武鉄道への合併後はED12形ED121〜123に改番され、1955（昭和30）年の改番でED3000形ED3001〜3003となったが、小型機ゆえに野田線貨物で終始使用され、1974（昭和49）年までに全機廃車となった。
◎ED3000形　六実〜鎌ヶ谷　1958（昭和33）年8月16日

六実〜鎌ヶ谷間で、現在の新鎌ヶ谷駅の南側付近。背後に新京成電鉄線の架線柱が見えており、野田線を乗り越すためにカーブを描いているのがわかる。現在は野田線が掘割を走る複線に、新京成電鉄線は複線高架橋になり、線路の間の土地には、イオン鎌ヶ谷ショッピングモールが建っている。

電車はモハ3200形モハ3206。1927（昭和2）年にデハ4形デハ29として製造され、1930（昭和5）年に客室の一部が荷物室に改造されデハニ4形デハニ29となり、1951（昭和26）年の改番でモハニ3270形モハニ3277、1956（昭和31）年に荷物室が撤去され、モハ3200形モハ3206となった。汽車会社製なので腰板下部の切り込みはなく、また戦後踏切事故復旧の際に乗務員扉が設けられている。撮影時はまだステップつきだが、翌年までに撤去された。その後1964（昭和39）年の更新改造でモハ3500形モハ3503になり、その後の改番でモハ3100形モハ3101となり、1988（昭和63）年に廃車となった。

◎モハ3206　六実〜鎌ヶ谷　1958（昭和33）年8月16日

佐野線

佐野線の起源は葛生で産出する石灰を輸送するた
め、1889（明治22）年に葛生〜吉水間を開業した安蘇
馬車鉄道に遡る。翌1890（明治23）年に渡良瀬川の
船便が接続する越名へ延長。しかし季節波動が大き

佐野

佐野駅は1888（明治21）年に両毛鉄道の駅として開業。1897（明治30）年に両毛鉄道は日本鉄道に合併されるが、1903（明治36）年に佐野鉄道が日本鉄道佐野駅に乗り入れた。1906（明治39）年に日本鉄道は国有化され、1909（明治42）年の線路名称設定で両毛線になる。1912（明治45）年に佐野鉄道は東武鉄道に合併され、1914（大正3）年に館林〜佐野町（現・佐野市）間が開業し、佐野市内と葛生方面の路線を改良し、写真の佐野駅東側で両毛線を乗り越し館林方面に向かう現在線が開通した。1927（昭和2）年に佐野線は電化されるが、貨物列車の電化は1966（昭和41）年と、東武の中でも最も遅かった。国鉄線との中継貨物ヤードにはまだ架線はない。ちょうど館林方面からクハ450形を先頭にした電車が到着する。
◎佐野　1958（昭和33）年9月

い石灰輸送のために曳馬を年中確保するのは非経済なため、会社名を佐野鉄道に改め、1894(明治27)年に蒸気機関車による鉄道に改めた。1912(明治45)年に佐野鉄道が取得していた佐野町〜館林間の免許と葛生から先を建設することで、鹿沼・日光方面へ路線を延ばそうとした東武鉄道に合併される。1914(大正3)年に館林〜佐野町(現・佐野市)間が開業、その先葛生までの区間も改築し車両が直通できるようになった。館林で伊勢崎線に接続すると越名経由の船便はすたれ、1917(大正6)年に佐野町〜越名間は廃止されている。

堀米

堀米駅は1914(大正3)年の佐野市内のルート付け替え区間に、北にあった吉水駅を移転改称した形で1915(大正4)年に開業している(吉水駅はその後復活開業)。現在の島式ホームへの改築は電化時かもしれないが、長い有効長を有している。
機関車のED5050形ED5051は、1957(昭和32)年の日立製作所製。1台車1モーターにクイル式駆動装置を用いたが、期待した性能が得られなかったのと、構造が複雑で保守に手間がかかったことなどから、2両で製造は打ち切られた。連なる小型の有蓋車は生石灰を運ぶ鉄側有蓋車だろうか。機関車の機関助手はタブレットを持って交換授受に備えている。
◎ED5051　堀米　1958(昭和33)年9月

葛生（くずう）

葛生は石灰石の産地で、1890（明治23）年に安蘇馬車鉄道が開業してから石灰石を運び続けてきた。1894（明治27）年に佐野鉄道に改築されてからは蒸気機関車がその任にあたってきたが、1958（昭和33）年から貨物列車の全面電化計画が出され、葛生駅構内にも架線が張られている。しかし葛生から先の会沢線・大叶線の貨物線が電化され、蒸気機関車が引退したのは1966（昭和41）年6月だった。1984（昭和59）年の国鉄のヤード輸送廃止から貨物輸送の衰退が始まり、1986（昭和61）年に葛生地区の貨物扱いは会沢線上白石駅だけになり、1997（平成9）年をもって葛生地区の貨物列車は廃止された。

蒸気機関車の32号機はB3形で、1914（大正3）年のベイヤー・ピーコック製。国鉄5600形の動輪径を1524mmに変更したもの。製造当時の東武鉄道には電化区間はなく、旅客貨物の主役だった。32号機は1963（昭和38）年に廃車になるが、同型機は1966（昭和41）年の蒸気機関車の全廃まで使用された。49号機はB5形で、国鉄6200形6242を1924（大正13）年に譲り受けたもの。過熱式に改造した国鉄6250形（東武B6形）を含めて1944（昭和19）年までに15両が東武に譲渡され、貨物列車牽引に使用された。貨物列車の電化により49号機は1959（昭和34）年に廃車、残った同型機も1964（昭和39）年までに廃車になっている。しかし国鉄6200形をタンク機関車に改造した1070形は、上白石駅から分岐する日鉄鉱業葛生鉱業所羽鶴鉱山専用線に来た1080号機が、国鉄線から蒸気機関車が消えたあとも予備機とはいえ現役であり続け、廃車後も大切に保管されており、現在は京都鉄道博物館で保存されている。
◎葛生　1958（昭和33）年9月

小泉線

小泉線は1917（大正6）年に中原（ちゅうげん）鉄道が、館林～小泉町を開業したのに始まる。開業時は非電化路線で、工藤式蒸気動車2両と鉄道院からの払い下げの客車と貨車で運転していた。しかし経営は芳しくなく、太田延長や、上州への延長を目指して会社名も1922（大正11）年に上州鉄道に改めるが路線延長は実現せず、また蒸気動車の運行に多大な経費がかかるので、1929（昭和4）年に2軸のガソリン

西小泉

西小泉駅は中島飛行機小泉工場開設に合わせ1941（昭和16）年に旅客営業を開始。2面3線のホームと、仙石河岸線の貨物中線を有していた。1976（昭和51）年の仙石河岸線廃止後は中線と左側の線路が撤去され、1面2線と駅の規模が縮小されている。
電車はクハ3650形クハ3654で、出自は1920（大正9）年の汽車会社製中型標準客車B3-4形ホハ9。1930（昭和5）年に電車の中間車に改造されサハ1形サハ21となり、1950（昭和25）年に日本車輌で鋼体化改造されサハ80形サハ80となる。1954（昭和29）年に先頭車改造がなされクハ550形クハ550（2代）となり、1968（昭和43）年に津覇車両で更新改造を受けクハ3650形クハ3654となり、1996（平成8）年まで使用され、上毛電気鉄道へ譲渡された。
◎クハ3654　西小泉　1975（昭和50）年5月8日

気動車に置き換え、停留所も増設した。それでも経営は改善できず、1937（昭和12）年、輸送上密接な関係があった東武鉄道に譲渡された。東武鉄道への譲渡後は小泉線となり、1939（昭和14）年に小泉町から先の仙石河岸（せんごくがし）線が貨物線として開業。また中島飛行機への工具輸送のために1941（昭和16）年に小泉信号場（現・東小泉）〜太田間が開業と、小泉町〜西小泉間の旅客営業を開始した。1943（昭和18）年には館林〜西小泉、東小泉〜太田間を電化、さらに軍部の要請で仙石河岸線新小泉駅から国鉄熊谷駅を結ぶ熊谷線も計画されたが、開通前に終戦を迎え工事は中止、戦後再開の動きもあったが実現しなかった。また貨物線だった仙石河岸線も1976（昭和51）年廃止にされた。

竜舞

小泉線の東小泉〜太田間は中島飛行機の工具輸送用に開業したが、貨物輸送も考慮され交換有効長は長く取られている。そのため貨物列車の館林〜太田間は、距離と運転本数の関係で小泉線経由で運転されていた。
電車はモハ3550形モハ3555で、出自は1948（昭和23）年日本車輌製運輸省規格型電車モハ5300形モハ5304。1951（昭和26）年の改番でモハ5430形モハ5432となり、1972（昭和47）年津覇車両で更新改造を受けモハ3550形モハ3555となった。1995（平成7）年まで使用され、上毛電気鉄道へ譲渡されている。
◎モハ3555　竜舞　1975（昭和50）年5月8日

桐生線

桐生線の起源は、藪塚石を産出販売をしていた藪塚石材が石の運搬のため藪塚石材軌道と会社名を改め、太田〜藪塚間に軌間610mmゲージの人車軌道を1911（明治44）年に開業したのに始まる。軌道を鉄道に改築するにあたって太田軽便鉄道に社名を変更し、1913（大正2）年に同社鉄道部門を東武鉄道が買収（石材部門は太田石材に改称）、同年軌間を1067mmゲージに改築し桐生線として太田〜相老間が開業した。1928（昭和3）年に電化、1932（昭和7）年に相老〜新大間々（現・赤城）間が開通する。

太田

浅草から桐生方面の直通急行は戦前にも運転されていたが、有料急行の運転は1953（昭和28）年から。新大間々（現・赤城）駅のほか、上毛電気鉄道に乗り入れて中央前橋まで直通する「急行 じょうもう」も1963（昭和38）年まで運転されていた。愛称は「りょうもう」のほか「こうずけ」「おりひめ」「あかぎ」と複数あったが、1969（昭和44）年の1800系登場で「りょうもう」に統一されている。
◎クハ1813　太田　1975（昭和50）年5月8日

帝都高速度交通営団 日比谷線

東武鉄道は創業当初から都心への線路延長を試みており、曳舟から亀戸、そして船運と接続する越中島へ路線を延伸、開業後は隅田川河口部に架橋して新橋への延伸も視野に入れていたが、越中島付近の市街化が先行してしまい亀戸から先の延伸を断念した。

次は関東大震災後焼け野原になった浅草（業平橋）～上野間（可能ならば東京駅方面まで）に高架鉄道で延伸を計画、東京地下鉄道がすでに高輪南町～浅草公園広小間の免許を保有していたため、業平橋～浅草花川戸間に限って免許、建設された。しかし敷地や

秋葉原

営団日比谷線の秋葉原駅は、国鉄秋葉原駅の東、昭和通り地下に設けられた、直上に首都高速道路を通すため、躯体には支える梁が入れられている。1962（昭和37）年5月31日に北千住～南千住、仲御徒町～人形町が開業し、既設区間と合わせて東武鉄道北越谷駅までの相互直通運転が始まった。
◎2400形　秋葉原　1962（昭和37）年6月30日

工事に制約があり、浅草に松屋百貨店が入店するターミナルビルは完成したが、駅設備は将来にわたって満足できる広さではなく、また都心へのルートは関連会社とした東京地下鉄道（現・東京メトロ銀座線）と接続するものだった。戦後伸び続ける輸送量に浅草駅では十分でなく、北千住〜八重洲北口間に1955（昭和30）年に地下鉄免許を申請した。しかし都心乗り入れ地下鉄計画は各社競願となったため、1956（昭和31）年の都市交通審議会答申第1号にもとづく1957（昭和32）年建設省告示第835号により、都市計画第2号線として日比谷線の建設が決まり、郊外私鉄は地下鉄に相互直通運転することで都心乗り入れを図ることになった。1962（昭和37）年に北千住〜人形町間で東武車の直通運転が始まり、1964（昭和39）年に中目黒まで日比谷線が全通、東急車の直通運転も始まった。

中目黒

営団日比谷線の中目黒駅開業は1964（昭和39）年7月22日だったが、銀座付近の工事が遅れたため全線開業は8月29日となり、東武〜営団〜東急の3社相互直通運転が開始された。しかし3社とも乗り入れができるのは営団車の一部に限られ、東武車は中目黒で折り返し東急線には乗り入れを行わなかった。またこの年より一部6両編成化が実施され、1966（昭和41）年には全編成が6両編成となった。
◎モハ2105　中目黒　1964（昭和39）年10月11日

東武特急車内販売案内

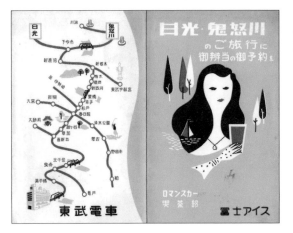

浅草 日光 鬼怒川両沿線御案内

東武電車

只今 喫茶のお仕度が出来ました！

Fuji Ice

MENU

Coffee or Tea	50	コーヒー又は紅茶	50
Ice Cream	50	アイスクリーム	50
Ham Sandwich	100	ハムサンドイッチ	100
Custard Pudding	60	カスタープリン	60
Orange Juice	50	オレンヂジュース	50
Japanese Sake	120	瓶詰日本酒(月桂冠)	120
Bottled Beer	150	瓶詰ビール	150
Bottled Whisky	140	ポケットウヰスキー(オーシャン)	140
Salted Peanut	30	ピーナッツ	30

団体等で御利用の節は予
めて御注文いただきます。
電話84 0695 東武ビル内
冨士アイス売店

其他.キャラメル.キャンデーも御座います。

冨士アイス

第2章

東上本線系

東上本線

下板橋

下板橋駅は1914（大正3）年の東上鉄道開業時からの駅だが、当時は現在地より西側の現在電車留置線のある位置にあった。当初の計画ではこの位置から直進して国鉄線をオーバークロスし、市電と連絡できる大塚辻町に東京方の起点を設ける予定だったが、すでに市街地化が進んで用地買収が困難なため断念し、池袋がターミナルとなった。1935（昭和10）年の複線化時に現在地へ移転し、カーブ上のホームとなり、以前の駅は1986（昭和61）年まで貨物駅として使用され、現在は電車留置線となっている。
電車はクハ240形クハ241で、戦前に改造された第一次鋼体化グループ。出自は1921（大正10）年汽車会社製B23-2形ホロ

東上線の前身の東上鉄道は、東京から上越（新潟県）を目指して計画され、1914（大正3）年に池袋〜川越町（現・川越市）〜田面沢間が開業した。1916（大正5）年に田面沢への線は廃して川越町〜坂戸町（現・坂戸）間が開業。1920（大正9）年に根津嘉一郎が社長だった東上鉄道と東武鉄道は経営合理化のため合併し、東上本線となった。その後1923（大正12）年に小川町まで、1925（大正14）年に寄居まで開業して秩父鉄道に接続。それ以北は国鉄八高線や上越線が建設されるので計画は断念された。路線の正式名称は東上本線だが、通常は単に東上線で案内されている。

ハ9（2代）で、1927（昭和2）年にB3-3形ホハ45となり、1931（昭和6）年電車編成に組み込むためサハ30形サハ36に改造。1941（昭和16）年に日本車輌で鋼体化改造されクハ101形クハ102という届け出だが、実際には省形UF12の台枠ではなく古い天野製の台枠が使われており、届け出は名目上と思われる。1951（昭和26）年の改番で現番号になる。台車は戦後TR-11に交換されている。その後は、1969（昭和44）年に更新改造されサハ3600形サハ3602、1971（昭和46）年の改番でサハ3200形サハ3225となった。
◎クハ241　下板橋　1964（昭和39）年12月6日

中板橋

中板橋駅は1933（昭和8）年に開業している。当初は単線1面1線だったが、1935（昭和10）年の複線化で相対式ホームとなる。戦後は待避線を設け2面4線の駅となった。池袋方は踏切があってホームが延ばせないため、長編成化の対応は川越方へ分岐を移設してホームを延伸しており、現在の分岐の位置は電車の後端付近、石神井（しゃくじい）川の鉄橋部分になっている。この鉄橋は東上鉄道開業時に川筋を直線化して架けられており、旧河道を利用して1927（昭和2）年に板橋遊泉園というプールをつくり、夏期のみ中板橋仮停車場（臨時停留場）を設けて便を図っていた。
電車はクハ550形クハ562で、戦後の第二次鋼体化グループ。名目上の出自は1915（大正4）年天野工場製、長岡鉄道の三

等ロ1で、1918（大正7）年に2軸客車と交換で東武に移籍してB3-3形ホハ7、1924（大正13）年に荷物室つきに改造してB3L-1形ホハニ1、1934（昭和9）年に電車と編成するためサハ101形サハ101に改造、1939（昭和14）年にサハ50形サハ51と改番される。このときの車体はダブルルーフ広窓、開放式デッキを持ち、戦後は西新井で放置されていた。1950（昭和25）年にサハ51の名義と省形UF12の台枠を使い日本車輌で鋼体化改造、サハ80形サハ94となり、1956（昭和31）年に運転台取り付けで現番号となった。東上線配置のためWCは撤去されている。その後は1973（昭和48）年に更新改造され、クハ3650形クハ3660となった。◎クハ562　中板橋　1964（昭和39）年12月6日

中板橋〜ときわ台

中板橋駅の川越方、石神井川を渡る築堤区間で、3両目の貨車付近に鉄橋が見える。下の写真は同じ列車の後追いだが、中板橋駅が見えている。板橋遊泉園は線路北側の築堤下に25m×50mの大きなプールがあった。このころの貨物列車は沿線発着のもののほか、セメント、砂利、朝霞基地に駐留する米軍関連の物資が多かった。
蒸気機関車はB4形40号。出自は日本鉄道SSbt2/4形212で、1898（明治31）年英国シャープ・スチュアート社製。1906（明治39）年に国有化ののち、1909（明治42）年の形式制定で5650形5655となる。同型機は6両（5650〜5655）輸入されたが、東北地方で使われたのち、第一次世界大戦後の好況期1922（大正11）年に6両そろって東武鉄道に転入、B4形35〜40となった。東上線で主に使われたが、最後まで残った39・40号機は杉戸機関区へ移り、1966（昭和41）年の蒸気機関車全廃まで使われた。その後、40号機は杉戸機関区があった宮代町役場にて、39号機はいなべ市の貨物鉄道博物館にて静態保存されている。
◎40　中板橋〜ときわ台
1957（昭和32）年2月（2枚とも）

中板橋～ときわ台

前ページと同じ場所。電車はクハ300形クハ312で、戦後復興のために運輸省から割り当てられた国鉄63形。東武には1946（昭和21）年から2両×20編成が割り当てられた。国鉄番号はクモハ63形クモハ63197で、1947（昭和22）年汽車会社製。国鉄番号を持っているが、メーカーから直接東武へ入線し、そのままの番号で使用、1951（昭和26）年の改番でクハ300形クハ312となる。桜木町事故のあと戦時設計に標準化工事が行われ、窓の2段化、プレスドアへの交換、室内天井取付に蛍光灯化、正面通風口の閉鎖、連結面側の貫通幌整備などが行われているが、終戦直後の製造で車体の傷みも酷く、1961（昭和36）年に78系と同じ車体を新製し、電装品を移し替える更新工事が行われることになる。
◎クハ312　中板橋～ときわ台　1957（昭和32）年2月

前ページから少し西に来た石神井川を渡る手前の築堤区間。番号は読めないがクハ800形。63系の実績をもとに東武の
電車として設計され、1953（昭和28）年4月から製造が始まった20m4扉通勤電車。当初はモハ7330形＋クハ330形と称
したが、63系は制御器がCS-5で形式百位の数字を「3」としていたのに対し、制御器はMMCを採用したので形式百位
の数字は「8」となり、モハ7800＋クハ800形に1953（昭和28）年11月へ改番している。モハ7808＋クハ808以降の車は改
番後の出場で旧番はない。クハも電装できる準備工事がしてあったので、床のモーター点検蓋やパンタグラフ台を装備
している。クハ808からは台車がモハと同じTRS-52(＝住友FS-10)に変わっており、それ以前のTRN-53（＝日車NL-1）と
はボルスタアンカーの向きが異なる。写真の車はモハと同じ方向にボルスタアンカーが出ているようなので、クハ808
〜818のグループ。
◎クハ800形　中板橋〜ときわ台　1957（昭和32）年2月

中板橋〜ときわ台

ときわ台駅の池袋方、石神井川橋梁に向けて築堤に入り始めるところ。電車の前から2両目付近で架線柱の間隔が狭いが、ここに板橋変電所がある。現在は線路の上にある高圧線用の鉄柱はなくなり、東上線の変電所は下板橋の蒸気機関車駐泊所跡地へ移転し、東京電力の変電所になっている。
電車はモハ7300形モハ7314。戦後復興割り当ての国鉄63形で、モハ63形モハ63254、1946（昭和21）年汽車会社製。1951

（昭和26）年の改番でモハ6300形モハ6314、翌1952（昭和27）年に国鉄桜木町事故対策で窓の２段化、パンタグラフの二重絶縁、連結面側貫通幌の整備などが行われ、モハ7300モハ7314に改番された。その後78系と同じ車体に更新改造される。先頭２両は78系だが、これは73系を東武仕様で設計したもので、制御器は異なる（78系の方が制御段数が多い）が、併結運転は可能だった。◎モハ7314　中板橋〜ときわ台　1959（昭和34）年６月28日

ときわ台〜上板橋

手前の踏切が東第26号踏切道、電車後ろの鉄柱はときわ台変電所。右側に鉄道スペースがあるが、上板橋駅で分岐して伊勢崎線西新井駅とを結ぶ西板線の確保用地と思われる。1932（昭和7）年に鹿浜〜上板橋間の起業を廃止して、伊勢崎線との連絡は断念したが、東上線側の操車場予定地として確保してあった土地は、常盤台住宅地として内務省の都市計画課が設計し、東武鉄道が施工・販売した。のちにときわ台変電所が操車場に接続する線路用地（踏切脇の線路と道路の間の場所）に移転されている。

電車はクハ540形クハ543。第一次鋼体化グループで、出自は1915（大正4）年天野工場製B23-3形ホロハ17、1924（大正13）年の改番でB23-1形ホロハ2（2代）、1927（昭和2）年に普通客車化でB3-2形ホハ38、1933（昭和8）年に電車連結改造でサハ38形サハ41、1941（昭和16）年に日本車輌で鋼体化改造されサハ101形サハ103、1951（昭和26）年の改番でサハ70形サハ72、1958（昭和33）年運転台取り付けで現番号になる。その後は1970（昭和45）年に更新改造されサハ3600形サハ3647、1971（昭和46）年の改番でサハ3200形サハ3211となる。

◎クハ543　上板橋
1964（昭和39）年12月6日

111

上板橋

上板橋駅の池袋方。現在の3・4番線のあるホームが開業当時からのもので、陸軍成増飛行場建設のために専用線が建設されると、南側に貨物ヤードが拡大され駅舎の移転、跨線橋の新設が行われている。戦後専用線は啓志線（次ページで解説）になるが、1959（昭和34）年に廃止、その後貨物ヤード跡地にホームを新設し、2面4線の写真の姿となった。それに伴い跨線橋が架け替えられ、ホームが延伸されている。その後10両編成運転のために池袋方にホームが延伸され、現在の形になった。

電車はクハ8100形クハ8114で、クハ8114＋モハ8214＋モハ8314＋クハ8414の４両編成、1964（昭和39）年日本車輌製。伊勢崎線では日比谷線直通の2000系が多数登場していたので、8000系は東上線に多く配置されラッシュ時に威力を発揮した。この編成は1972（昭和47）年にサハ8700形とモハ8800形を組み込み６両編成化されている。東上線では準急の10両運転のため、1977（昭和52）年からは８両固定編成の8000系も登場している。
◎クハ8114　上板橋　1964（昭和39）年12月６日

上板橋

上板橋駅の川越方。1943（昭和18）年から旧陸軍成増飛行場建設のため専用線が建設されるが、戦後GHQに接収され、跡地に米軍士官とその家族のための上級住宅地グランドハイツを建設するため、陸軍時代の専用線が転用され、工事を指揮したヒュー・ケーシー少将の名をとって「啓志線」として開業した。グランドハイツ完成後は、池袋から直通の旅客列車が国鉄からキハ41000形を借用して運行されたが、朝鮮戦争休戦後は運行が減少、また住宅も立川や横田基地へ移されていったので、1957（昭和32）年に運行を停止し、1959（昭和34）年に廃止された。この線は側線扱いだったので、廃止後東武鉄道が旅客輸送を行うべく路線免許を申請したが、建設時に強制収用した土地もあり反対も多く、用地買収を断念して計画を取り下げた。1963（昭和38）年に啓志線用の貨物ヤード跡地に、現在の1・2番線のホームを新設して2面4線となり、東武練馬方に引き上げ線も用意された。1番線はまだ貨物扱いを行っていたので貨車が留置され、本

線への信号が整備されていても逸走防止の車止めが見えている。その後、1967（昭和42）年の8両編成運転のためにホームが延伸され、現在の形に近くなってくる。

電車はクハ800形クハ815で、1954（昭和29）年汽車会社製。このグループは正面窓が木枠だったが、7820系以降のHゴム固定窓に更新されている。前寄り4両はベンチレーターから73系だが、3両目のクハは押し込み型ベンチレーターからクハ300形クハ329。1959（昭和34）年日本車輌製で、73系更新改造車のトップバッターだが、モハ7329とも新造車扱いとなっている。4・5両目のモハ7302・サハ302は4両固定編成とするため、更新改造のときに中間車化されている。

◎クハ815　上板橋　1964（昭和39）年12月6日

上の写真と同じ場所。オレンジに黄色帯塗装のあと、明るいマルーン色に塗られた時代。この塗装は短期間で、2000系で登場したベージュにオレンジの塗装に変わっている。電車はクハ550形クハ559で、第二次鋼体化グループ。名目上の出自は1913（大正２）年天野工場製甲15形48、1914（大正３）年改番でB3-2形ホハ６、1924（大正13）年の改造でB3PL-2形ホハユニ８となり、1933（昭和８）年電車連結改造でサニ１形サニ３となるが、このときの車体は震災復旧型の天野形に変わっており、ホハユニ改造時に震災復旧車とされるB3-2形ホハ７（２代）と振り替わった可能性が高い。1942（昭和17）年の改造でサハ60形サハ63、1950（昭和25）年サハ63の名義と省形UF12の台枠を使い汽車会社で鋼体化改造されサハ80形サハ97、1954（昭和29）年に運転台取り付けで現車番となる。その後は1969（昭和44）年に更新改造されサハ3600形3634、1971（昭和46）年の改番でサハ3200サハ3218となった。
◎クハ559　川越市　1962（昭和37）年９月26日

川越市

荷重 15t

自重 8.9t

川越市駅の坂戸方。川越町（現・川越市）から先はほぼ
直線で小坂を経由し、松山へ向かう計画だった。一期
工事は池袋～川越町とその先の田面沢までが、入間川
産出の砂利を運び出すために1914（大正3）年同時に開
業した。1916（大正5）年に、この線の途中から分岐し、
坂戸へ向かう延長線が開業し、田面沢への路線は短期
で廃止されている。1929（昭和4）年に東上線は電化さ
れるが複線化は遅れ、川越市～坂戸間は1965（昭和40）
年だった。下の写真、電車手前の線は川越市駅の引き
上げ線で、手前側の線路を左手に進むと、旧・川越機関
区があった場所。

ED5010形は1957（昭和32）年から貨物列車電化のた
め日立製作所で造られた。6両が東上線に配置され、
1959（昭和34）年に貨物列車電化が完了した。東上線の
セメント列車などは編成重量が重く、自社の蒸気機関
車では牽引定数を超えてしまい国鉄から9600形を借り
ることもあり、貨物列車電化は急務であった。秩父鉄
道からのセメントを寄居で継走し、下板橋へ運ぶのが
東上線を寄居延長した目的だったが、1986（昭和61）年
に廃止され、東上線貨物はなくなった。
◎ED5011　川越市　1962（昭和37）年9月26日

東武竹沢

東武竹沢駅に停車中の貨物列車。撮影の1959（昭和34）年4月に東上線貨物列車の電化が完了しているが、そのために
電気機関車の新製のほか、電気を供給する変電所も増強された。右端に写っている竹沢変電所も、貨物列車電化計画で
1957（昭和32）年に東武鉄道初の無人変電所として新設された。当時は画面左手（現在の西口側）に駅本屋があったが、
バブル期に駅東側に大規模な宅地開発が行われ、それに対応して現在の東口が1995（平成7）年に変電所の跡地に開設
された。変電所は出力増強のため小川変電所へ移転している。
◎ED5010形　東武竹沢　1959（昭和34）年4月25日

東武竹沢駅の男衾（おぶすま）方で、画面左手先に東武竹沢駅の場内信号機がある。この区間に鉄道が敷かれたのは1925（大正14）年で、開業時は東武竹沢駅はなかった。1929（昭和4）年に川越市〜寄居間が電化され、1932（昭和7）年に竹沢駅が開業。1934（昭和9）年に国鉄八高線に竹沢駅が開業したので、東武竹沢駅に改称された。単行の荷物電車が走り去る。モユニ1190については次ページにて。
◎モユニ1190　東武竹沢〜男衾　1959（昭和34）年4月25日

モユニ1190

出自は1925（大正14）年日本車輌製のクハ1形クハ2で、車体は半鋼製になり屋根はシングルルーフ、お椀型ベンチレーターがついた。1931（昭和6）年にデハ1形の7と8が電装解除された代わりに電装され、デハ2形デハ8（2代）に改造される。1951（昭和26）年の改番でモハ1110形モハ1110となり、1955（昭和30）年に郵便荷物電車に改造されモユニ1190形モユニ1190となる。当初は車体への改造はなく、郵便室側の窓が白くなっているだけだった。
◎モユニ1190　川越市　1962（昭和37）年9月26日

1963（昭和38）年に踏切事故で池袋方（荷物室側）を大破し、正面3枚窓に改造され、1964（昭和39）年に荷物室扉が大型化され、中ドアを交換されている。最終的には郵便室側のドアも交換されステップを撤去し、東上線の荷物電車として活躍、1977（昭和52）年に廃車となった。
◎モユニ1190　ときわ台～上板橋　1964（昭和39）年12月6日

越生線

越生線は1932（昭和7）年に越生鉄道が坂戸町（現・坂戸）から高麗川右岸森戸まで5.0kmを開業し、砂利輸送を行ったのに始まる。1933（昭和8）年に国鉄八高線が越生まで延長されると、翌1934（昭和9）年に森戸〜越生間5.9kmが開業し全通した。1943（昭和18）年に戦時統制で東武鉄道に合併され越生線となる。

越生

越生駅は1933（昭和 8 ）年に国鉄八高線の駅として開業。1934（昭和 9 ）年に森戸〜越生へ延長開業し国鉄と共同使用駅となる。1944（昭和19）年に不要不急線とされ休止されるが、翌年復旧。1950（昭和25）年に電化されている。越生線のホームは 1 面 2 線と国鉄との貨車授受線があったが、1963（昭和38）年 5 月に日本セメント川越工場向け粘土輸送が、越生継走八高線経由から、西大家からの専用線輸送に変わり、貨物扱いは廃止された。電車はクハ800形クハ803で、経歴はペアのモハ7803（次ページ）にて。
◎クハ803　越生　1963（昭和38）年 1 月26日

坂戸～一本松

坂戸町（現・坂戸）駅の一本松方で、電車進行方向の先、左に曲がった先で右に曲がり坂戸町駅に到着する。見えている踏切が日光脇往還。現在周りは住宅地になり、背後には関越自動車道が通っている。
電車はデハ7800形デハ7803で、クハ800形クハ803とペアを組む。1953（昭和28）年宇都宮車輌製で、当初はモハ7330形モハ7333とクハ330形クハ333だったが、同年末の称号改正で改番された。1965（昭和40）年に2両とも中間車化され、1981（昭和56）年にアルナ工機でモハ7803はモハ5250形モハ5252に、サハ803はクハ5450形クハ5452に更新改造された。
◎モハ7803　坂戸町～一本松　1963（昭和38）年1月26日

武州唐沢～越生

越生駅手前の国鉄八高線との並走区間で、五領踏切（東武側は越 第72号踏切道）からの撮影。線路は架線柱がコンクリート柱に変わったくらいで大きな変化はないが、電車左側は畑地から住宅地に変わっている。
電車はモハ7870形モハ7887。7800系の最終グループで、1961（昭和36）年ナニワ工機製。窓枠がアルミサッシに変更になったほか、モハ7881からはパンタグラフが連結面に移っている。この年と翌年は日比谷線用2000系の新製が続き、1963（昭和38）年からの通勤車は8000系となったので、最後の新製釣掛車両となったが、このグループ20編成は2両固定編成で運用されていたため、5000系への更新改造は一番最後になり、6両固定編成の5070系に生まれ変わった。モハ7887はモハ5370形モハ5378として1985（昭和60）年に更新改造されている。
◎モハ7887　武州唐沢～越生　1981（昭和56）年3月8日

ときわ台駅前のベビーロコ

　ときわ台駅前には蒸気機関車が保存されていた。「ベビーロコ　東武鉄道東上線業務局」とあるが、出自は1912（明治45）年ドイツ・コッペル社製40HPクラスB型タンクの標準設計の機関車で、釧路築港事務所から1915（大正4）年に有田鉄道に移り1号機となったもの。1947（昭和22）年にキハ22と交換で東武鉄道に来たが、自力回送中に車軸焼き付け事故を起こし川越機関区で保管されていたものを、1953（昭和28）年から子どもに興味を持ってもらうために、ときわ台駅前で展示保存したもの。1973（昭和48）年に板橋区城北公園に移設されている。

◎ときわ台　1959（昭和34）年6月28日

◎ときわ台　1964（昭和39）年12月6日

第3章

廃止された
東武鉄道線

・矢板線

・日光軌道線

・熊谷線

矢板線

　矢板線は下野電気鉄道が天頂鉱山から産出する黄銅鉱、黄鉄鉱や、船生（ふにゅう）地区の木材輸送を目的に、1924（大正13）年に高徳〜天頂間が762mmゲージの非電化路線として開業。1929（昭和4）年に天頂〜矢板間が東武線に直通できる1067mmゲージで開業し、新高徳（高徳を改称）〜天頂間も併せて改軌された。用意された車両は東武鉄道から蒸気機関車や客車を借り受けた。1943（昭和18）年に陸上交通事業調整法による交通統合で東武鉄道に合併され、東武矢板線となる。下野電気鉄道の電化区間の鬼怒川線は戦後観光路線として開発されるが、矢板線は昔ながらの蒸気機関車が牽く混合列車で運転されていた。しかし、沿線からの貨物も少なくなり、1959（昭和34）年に廃線となった。

新高徳付近

1897（明治30）年、ベイヤー・ピーコック社製のB1形蒸気機関車。56号は日本鉄道のPbt2/4形184号として登場し、国有化で国鉄5500形5549号となり、1925（大正14）年に東武鉄道に譲渡されている。3両目の客車はデハ1形を出自とするコハフ10形（熊谷線で使われていたが、同線の気動車化で矢板線に転属してきた）で、社形の有蓋車を入れた混合列車が廃止されるまでの標準編成。それまでは気動車を客車化した車が使われていた。
◎56　新高徳付近
1958（昭和33）年8月10日

にっこうきどうせん

日光軌道線

東武駅前

東武日光駅前で出発を待つ連接車。馬返方面からの電車は東武駅前の国道を直進して国鉄駅前（日光停車場前から改称）へ。この先はループ線で東武駅前に来て、そのまま馬返に向かう構造だった。200形は1954（昭和29）年に導入された定員150名の連接車。201～204が汽車会社、205～206が宇都宮車輛（のちの富士重工）で製造された。
◎206　東武駅前　1957（昭和32）年4月2日

日光軌道線は、日光町と古河合名会社（現・古河電気工業）が合弁で日光電気軌道を設立し、1910（明治43）年に日光停車場前〜岩ノ鼻間が、1913（大正2）年に馬返(うまがえし)まで全線が開業。1932（昭和7）年には馬返〜明智平間に日光登山鉄道がケーブルカーを開業し、翌年にはロープウェイ（現・明智平ロープウェイ）で展望台へのルートが完成した。路面電車には珍しい登山電車で、かつ古河電工への貨物輸送も行う特徴がある路線だった。東武が日光に進出する前の1928（昭和3）年に系列に入り、1947（昭和22）年に合併され日光軌道線となった。戦後は新車も投入され観光輸送を担ったが、1954（昭和29）年にいろは坂が開通すると乗り換えなしで中禅寺湖へ行けるバスへ移行。古河電工への貨物もトラックに変わり、道路渋滞もあって第二いろは坂が開通したあとの1968（昭和43）年に全線が廃止された。

東武駅前

東武駅前で発車を待つ100形108。1953（昭和28）年の宇都宮車輌（のちの富士重工）製で10両がつくられ、戦前製の小型単車の路面電車を置き換えた。日光軌道線廃止後は10両全部が岡山電気軌道に譲渡されて3000形になり、まだ残っていた半鋼製単車の置き換えに使われた。
◎108　東武駅前　1959（昭和34）年10月11日

東武駅前は駅舎に接する線路（下の写真の貨物列車がいる線路）と、駅前広場方向に膨らんだ線路（前ページの写真）と
2本線路があった。駅舎に接する線路は、東武日光線ホーム沿いに国鉄線をオーバークロスして東武日光線につながる
線と、右に分岐して国鉄日光駅にあった古河電工の倉庫横を経由して国鉄日光駅構内につながる線があった。電車のい
る線路は、急カーブで番数の小さい分岐で国道上の本線につながっているため、貨物列車は駅舎側の線路が使われた。
電気機関車はED610形ED611で、1955（昭和30）年の東洋工機製。足回りは中古品で、主電動機は国鉄の電気式ガソリン
動車キハ36500形のMT-26が転用されている。日光軌道線廃止後は栗原電鉄へ譲渡されている。
◎ED611　東武駅前　1959（昭和34）年10月11日

市役所前～神橋

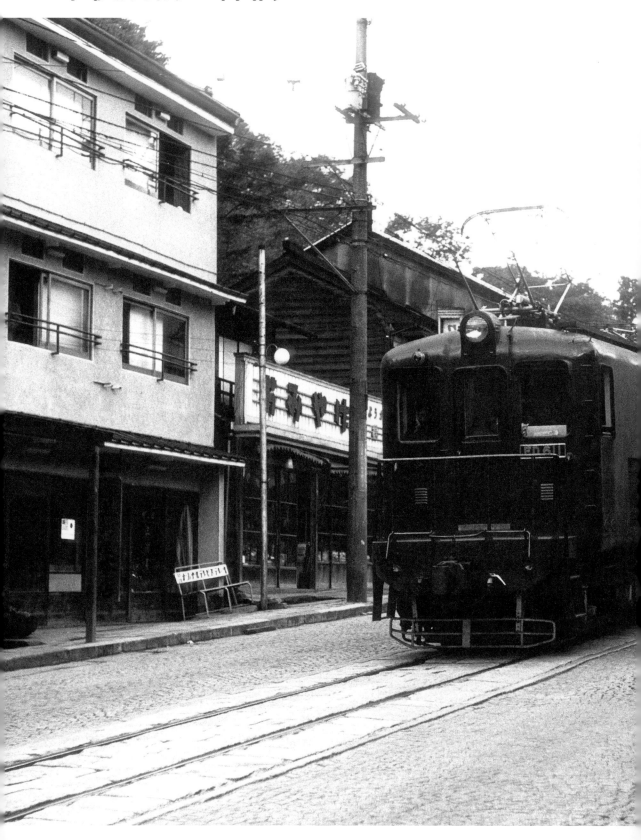

神橋から市役所前に向かう貨物列車。
路面電車に交じって古河電工からの
貨物列車も運転されていた。後ろの
木立は本宮神社（二荒山（ふたらさん）
神社別宮）境内。次ページの大谷川
に架かる専用橋が1944（昭和19）年に
完成すると、国鉄のアプト式機関車
ED40を改造したED4000形が、それ
までの電動貨車に替わって貨物列車
の先頭に立つようになった。
◎ED611　市役所前
1963（昭和38）年10月20日

神橋

開業当時は道路と併用の日光橋で大谷川を渡っていたが、古河電工への輸送力増強のため神橋すぐ脇に専用橋が架けられた。神橋バックに記念撮影する人たちの脇に馬返行き200形が走ってくる。右ページのように対岸からは神橋をバックに電車が撮れた。「神橋」は、二荒山（男体山）をご神体として祭る二荒山神社の建造物で、大谷川に架かる木造朱塗りの美しい橋。日光東照宮の入口の橋として相応しいものとされ、江戸時代は日光社参の将軍様と日光修験の山伏しか渡れなかったという。
◎200形　神橋　1957（昭和32）年4月1日

◎106　神橋　1956（昭和31）年7月9日

清滝付近

清滝手前の併用軌道から古河電工工場内の専用軌道へ移る付近。貨物は1944（昭和19）年の電気機関車による貨車牽引前は、日光駅で無蓋電車と線内貨車を連結したトロリーフレイトに積み替えて運搬されていた。1919（大正8）年製のテト30形30〜39と、1943（昭和18）年に増備したテト40形40〜48があり、日光駅ではループ線を使って、清滝駅では三角線を使って方向転換を行っていた。運転席窓に続行表示をつけているので、定期電車と続行運転で走っていた。戦後は日光駅構内にある古河の倉庫と工場間の輸送に使われたが、1961（昭和36）年にはトラックでの輸送に変わり、トロリーフレイトは見られなくなった。

◎41　清滝付近　1958（昭和33）年8月10日

荒沢橋梁

田母沢～花石町間の田母沢川と、安良沢～電車庫前間の荒沢川には、径間24mの単線上路３ヒンジソリッドリブアーチという橋が架けられていた。この橋は、アーチ材がかなり直線状でハの字になったうえに、アーチの上に橋が載る上路のタイプは日本で他に例がない。1910（明治43）年開業時の架橋で、1942（昭和17）年に補強作業が行われている。路線の廃止で廃橋となるが、撤去されず現存している。

◎ED611　荒沢橋梁　1958（昭和33）年８月10日

◎40　電車庫前　1963（昭和38）年10月20日

電車庫前

日光軌道線の車庫は東武駅前に隣接していたが、1956（昭和31）年に地蔵下付近に荒沢工場を設置、1960（昭和35）年に車両区となった。車庫の移動に合わせ、停留所名も電車庫前に改称している。前ページのテト40形40は1943（昭和18）年製。トロリーフレイト廃止後も1両だけ残され、冬季にスノープロウをつけて除雪作業に従事していた。上の写真のテ10形12は、1929（昭和4）年日車製の半鋼製車で、100形・200形導入後も事業用車として残っていた。
◎12　電車庫前　1963（昭和38）年10月20日

熊谷線

　熊谷線は太平洋戦争の末期に高崎線熊谷駅から利根川の対岸、群馬県邑楽郡大泉町にあった中島航空機への工具や資材輸送のため、軍部の要請で建設され、1943（昭和18）年に第一期工事区間の熊谷〜妻沼間が開業した。早期に開業させるため、熊谷〜上熊谷は秩父鉄道が複線化用地として確保していた土地を借用、資材不足のなか日光線を単線化した資材で

開通させている。続いて西小泉までの利根川を渡る区間は、阿武隈川の旧橋トラスや、やはり日光線単線化で発生したガーター橋を転用して利根川に架橋予定で、橋脚工事が終わったところで終戦になり、工事は中断された。戦後工事を再開して西小泉〜熊谷間を開通させる動きもあったが、全通させても大きな需要が望めるものでもなく、1974（昭和49）年に未開通

区間の工事免許を取り下げた。また熊谷線自体も赤字路線で、路線や車両の更新に多額の費用が負担できなかったところに、新幹線の工事で熊谷駅を橋上駅化する際にスペースの関係で秩父鉄道の借地を返

還し、新たに熊谷線の施設を移設する必要が出たが、費用を捻出することができなかったため、1983（昭和58）年6月1日に熊谷線は廃止となった。

大幡〜妻沼

熊谷線開業当時は、日本鉄道が開業時に用意したピーコック社製のテンダー機を国鉄から東武鉄道が払い下げを受け、伊勢崎線で使用されていたB2形27・28と、元は気動車だった車や客車、のちにデハ1形を出自とするコハフ10形で運転されていたが、1954（昭和29）年にキハ2000形が3両新製され、旅客列車の無煙化が図られた。蒸気機関車は交代したものの、1964（昭和39）年の貨物輸送廃止まで使われている。
◎キハ2002＋キハ2002　大幡〜妻沼　1959（昭和34）年4月25日

上熊谷

熊谷～上熊谷間は秩父鉄道が複線化用に確保してあった土地を借用して熊谷線の線路とした。そのため上熊谷駅の島式ホームは秩父鉄道線ホームと熊谷線ホーム共用となり、熊谷駅同様、出札業務は秩父鉄道に委託を行っていた。気動車奥の線路は国鉄高崎線だが、高崎線の電化は熊谷線開業後の1952（昭和27）年で建築限界の関係か、架線柱が熊谷線を越えて建てられている。現在は熊谷線線路が撤去されているので、線路跡にＪＲの架線柱が建っている。踏切は第四熊谷堤踏切で、この部分だけ熊谷線の線路が埋められて残っている。

◎キハ2002　上熊谷
1959（昭和34）年4月25日

妻沼

妻沼は妻沼聖天山所縁の街だが、駅は街外れに設置されたため周りには田んぼが広がっていた。上の写真は機関庫を北側から望んでいるので、向こう側が熊谷方面になる。機関庫は駅の先の引き上げ線から入庫する恰好になっている。左側の線路は西小泉延伸時に交換駅になったときのための本線。次ページ上の写真は妻沼駅場内信号機。基本駅舎側の左側の線路しか使わないはずだが、反対側の線路へも信号はついていた。1959（昭和34）年時点では、線路の間に中線があるのも確認できる。次ページ下の写真は上の写真の反対側で、妻沼駅構内端の踏切から未成線側を望んでいる。この先利根川堤防にアプローチする築堤になり、緩やかに右に曲がった先に利根川堤防が見えている。利根川河川敷には工事中断後も橋脚が残されていたが、1978（昭和53）年から撤去工事が始まり翌年完了した。
◎妻沼　1975（昭和50）年5月18日

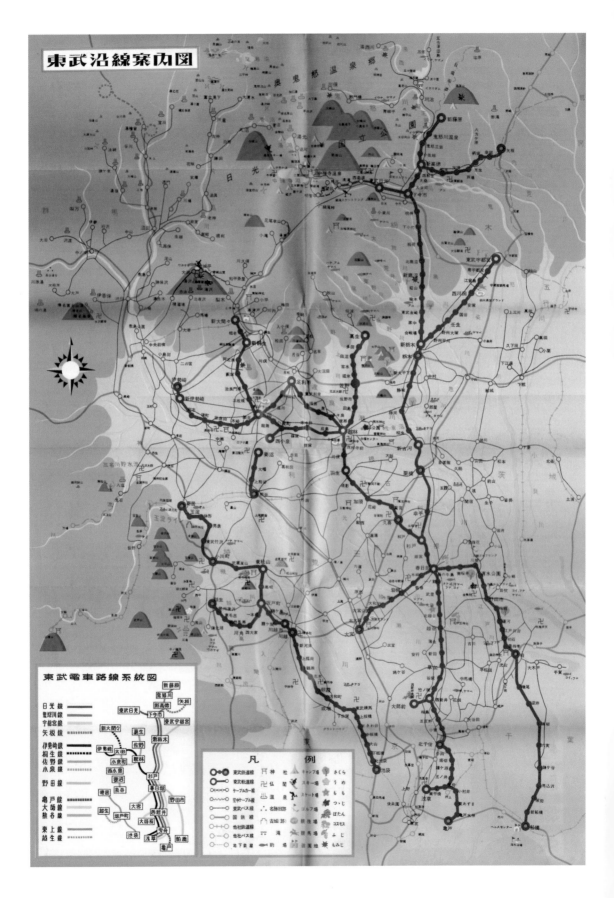

第4章

他社へ譲渡された
東武鉄道の車両

他社へ譲渡された
東武鉄道の車両

東武鉄道から他社へ譲渡された車は、戦前の蒸気機関車のほか、終戦直後の63形導入に伴う供出車、日光軌道線廃止に伴う移籍車の次は、経年車を更新改造して自社で使っていた関係もあって、1989（平成元）年に上毛電気鉄道に譲渡された3000系（上毛電気鉄道300型）まで存在しなかった。ここではヒギンズさんが撮られた63形導入に伴う供出車と日光軌道線の車を紹介。

岡山電気軌道では、東武日光軌道線廃止で余剰となった東武100形を10両全車両を譲り受けて3000形として竣工させ、それまでの単車に替わり主力として活躍した。◎3005　柳川　1973（昭和48）年5月15日

上田丸子電鉄

　上田丸子電鉄には総武鉄道（2代）モハ1000形を出自とする1両と、秋田鉄道と相模鉄道を出自とする小泉線用の気動車2両が譲渡されている。

1929（昭和4）年に総武鉄道（2代）が大宮〜粕壁間の開業に備え、日本車輌東京支店で製造したモハ1000形モハ1003。1944（昭和19）年に東武鉄道に合併後も野田線で使用されたが、63形導入に伴う中小私鉄向け供出車に選ばれ、1948（昭和23）年に上田丸子電鉄に譲渡された。1950（昭和25）年の改番でデハ5360形デハ5361となる。原形を保って使用されていたが、勾配がきつい真田傍陽線では電動カム軸式自動加速制御器は使い勝手が悪く、1964（昭和39）年に制御器が非自動化されモハ4260形モハ4261に改番、乗務員室扉が新設された。小泉線用の気動車の譲渡車のうち、秋田鉄道出自のサハ20形サハ26は、本シリーズの東京急行電鉄の書で紹介している。
◎デハ5361　上田　1959（昭和34）年12月26日

たかまつことひらでんきてつどう

高松琴平電気鉄道

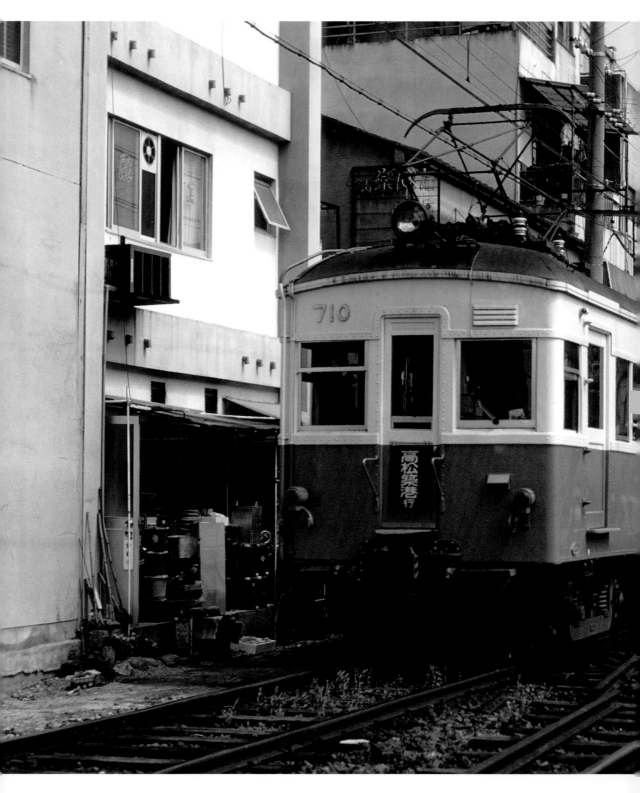

高松琴平電気鉄道には総武鉄道（２代）のモハ1000形が２両と、クハ1200形が１両譲渡された。

総武鉄道（２代）モハ1000形モハ1001と1002、クハ1200形クハ1201が高松琴平電気鉄道に譲渡され、1067mmゲージから1435mmゲージへ改軌のうえ、モハ1000形が7000形710と720に、クハ1200形が9000形910になった。自動加速制御器装備のため３両編成を琴平線で使用していたが、1966（昭和41）年に制御器を間接非自動の琴電標準タイプに交換し、他の車輌とも連結して使用された。
◎710　瓦町
1973（昭和48）年５月17日

長野電鉄

長野電鉄には63形導入に伴う供出車として3両が譲渡された。

デハ3形は、1926（大正15）年、まだ非電化区間があった東武鉄道で、蒸気機関車牽引用の客車ホハ11形ホハ51～58として落成。すでに電化工事が行われていたので将来電車化できる構造でつくられており、電化の進捗により1927（昭和2）年に電装され、デハ3形デハ11～16・19・20となった。1947（昭和22）年にデハ11～13が供出車として長野電鉄に譲渡され、モハ130形モハ130～133となった。東武由来のデッカーシステム間接自動制御にAMM自動空気ブレーキを装備していたので、長野電鉄の在来車と併結はできなかった。1953（昭和28）年の社番制定でモハ400形モハ401～403に改番、1956（昭和31）年にモハ401は制御器を間接非自動、SME直通ブレーキに改造されモハ420形モハ421に改番、1967（昭和42）年にモハ410形モハ411に改番された。当初は貫通扉を装備していたが、1957（昭和32）年に事故復旧で屋代方を正面非貫通に改造、のちに須坂方も非貫通に改造されたが、形状が異なる。抑速発電制動は有していなかったので、もっぱら河東線で使用されていた。◎モハ411　屋代　1975（昭和50）年5月6日

新潟交通

新潟交通には63形供出車としてデハ1形1両と、デハ2形2両が譲渡された。

1925（大正14）年に日本車輌東京支店で製造されたクハ1形クハ1～6とデハ2形デハ9・10で、東武鉄道初の半鋼製車両。1931（昭和6）年にクハ1・2が電装されデハ2形7・8（ともに2代）に改番。1947（昭和22）年と翌年に63形導入に伴う供出車で新潟交通にデハ7・9が譲渡され、モハ17形モハ17・18となる。1969（昭和44）年にモハ17は日本車輌標準車体に更新され、次ページのモハ24形モハ24となった。モハ18は1962（昭和37）年に電装解除され、クハ40形クハ40となる。1970（昭和45）年7月に車体を小田急電鉄のHB車デハ1411と載せ替えを行い、クハ50形クハ50に改造されている。
◎クハ40　灰方　1975（昭和50）年5月16日

◎モハ17（左）と国鉄キハ45000形（右）　燕　1957（昭和32）年2月10日

1948（昭和23）年に新潟交通に来たデハ1形デハ6は、1924（大正13）年日本車輌東京支店製のダブルルーフ鉄骨骨組みの木造車でモハ17形モハ19となった。1960（昭和35）年にいち早く日本車輌標準車体に更新され、モハ19形モハ19となった。
◎モハ24　東関屋　1975（昭和50）年5月16日

岡山電気軌道

岡山電気軌道には日光軌道線のモハ100形10両全部が岡軌3000形として譲渡されている。

日光軌道線100形は戦後の近代化と輸送量増強のため、1953（昭和28）年に宇都宮車輌（のちの富士重工業）で101 〜 110の10両が製造された。1968（昭和43）年の日光軌道線廃止後は、在来単車の置き換えを計画していた岡山電気軌道に譲渡されることになり、当初の3両は岡軌3000形3001 〜 3003として車掌乗務のツーマンカーで、続く3004 〜 3010はワンマン運転対応改造がなされて使用された。当初の3両も1970（昭和45）年の全車両ワンマン化のためにワンマンカーに改造、事故で1両を失ったものの岡山電軌の主力として活躍した。1989（平成元）年から冷房車の岡軌7900形に更新されるが、3005、3007、3010は更新されずに残され、3007は2004（平成16）年にリニューアル工事を受け「KURO」に改装、3005は東武日光軌道線塗色に戻され現役、3010はイベント電車で使われたのち廃車になるが、現在は東武日光駅前に里帰りし保存されている。◎3008　3002　岡山駅前　1973（昭和48）年5月14日

J.Wally Higgins (ジェイ・ウォーリー・ヒギンズ)

　1927 (昭和2) 年、合衆国ニュージャージー州生まれ。父が勤めていたリーハイバレー鉄道 (ニューヨークとバッファローを結ぶ運炭鉄道) の沿線に生家があり、母と一緒に汽車を眺めたのが鉄道趣味の始まりだった。

　大学卒業後、アメリカ空軍に入隊。1956 (昭和31) 年、駐留米軍軍属として来日、1年の任期後約2か月間で全国を旅し、日本の鉄道にはまってしまう。1958 (昭和33) 年、再来日。それ以降、全国の鉄道を撮りに出かけるようになる。1962 (昭和37) 年からは帰国する友人の仕事を引き継ぎ、国鉄国際部の仕事を手伝うようになり、現在もJR東日本の国際事業本部顧問を務める。

　氏は、鉄道の決めのポーズや形式写真には後々の保存性を考え大判の白黒フィルムを用いた。しかし、友人たちに伝える日本の風俗や風景 (もちろん鉄道も含むが) のようなスナップ的な写真にはコダクロームを用いている。理由は、当時基地内で購入・現像できたので、一番安価だったとのこと。

　今回のシリーズは、それらカラーポジから首都圏の大手私鉄各社を抜き出したものである。

【写真解説】

安藤 功 (あんどう いさお)

1963 (昭和38) 年生まれ。
NPO法人名古屋レール・アーカイブス理事。
国鉄最終日に国鉄線全線完乗。現在は全国の駅探訪を進め、残り数百駅ほど。

NPO法人名古屋レール・アーカイブス (略称NRA)

貴重な鉄道資料の散逸を防ぐとともに、鉄道の意義と歴史を正しく後世に伝えることを目的に、2005 (平成17) 年に名古屋市で設立。2006 (平成18) 年にNPO法人認証。所蔵資料の考証を経て報道機関や出版社、研究者などに提供するとともに、展示会の開催や原稿執筆などを積極的に行う。本書に掲載したヒギンズさんの写真は、すべてNRAで所蔵している。会員数40名、賛助会員1社 (2022年10月現在)。

【執筆協力】

生田 誠 (沿線案内図・地図の解説)

【校正】

加藤佳一

ヒギンズさんが撮った
東武鉄道
コダクロームで撮った1950〜70年代の沿線風景

発行日………………2022年11月5日　第1刷　※定価はカバーに表示してあります。

著者………………(写真)J.Wally Higgins　(解説)安藤 功
発行者………………春日俊一
発行所………………株式会社アルファベータブックス
　　　　　　　　　　〒102-0072　東京都千代田区飯田橋 2-14-5 定谷ビル
　　　　　　　　　　TEL. 03-3239-1850　FAX.03-3239-1851
　　　　　　　　　　https://alphabetabooks.com/

編集協力………………株式会社フォト・パブリッシング
デザイン・DTP ………柏倉栄治
印刷・製本……………モリモト印刷株式会社

ISBN978-4-86598-888-8　C0026